COURSE 1

要冰鎮
的情緒時
請來這裡

HOKKAIDO / AOMORI

春雪的溫柔時光── 北海道・道央

森之時計／拾來之家／夫婦食堂／大丸／Woody王國
咖哩的富良野屋／旭川動物園／十勝岳溫泉

津輕淺蟲溫泉的人情── 青森・淺蟲

めぇ太宰拉麵／淺蟲溫泉街／道の駅ゆ～さ市場・ゆ～さ淺蟲
辰巳館／MARRON COFFEE

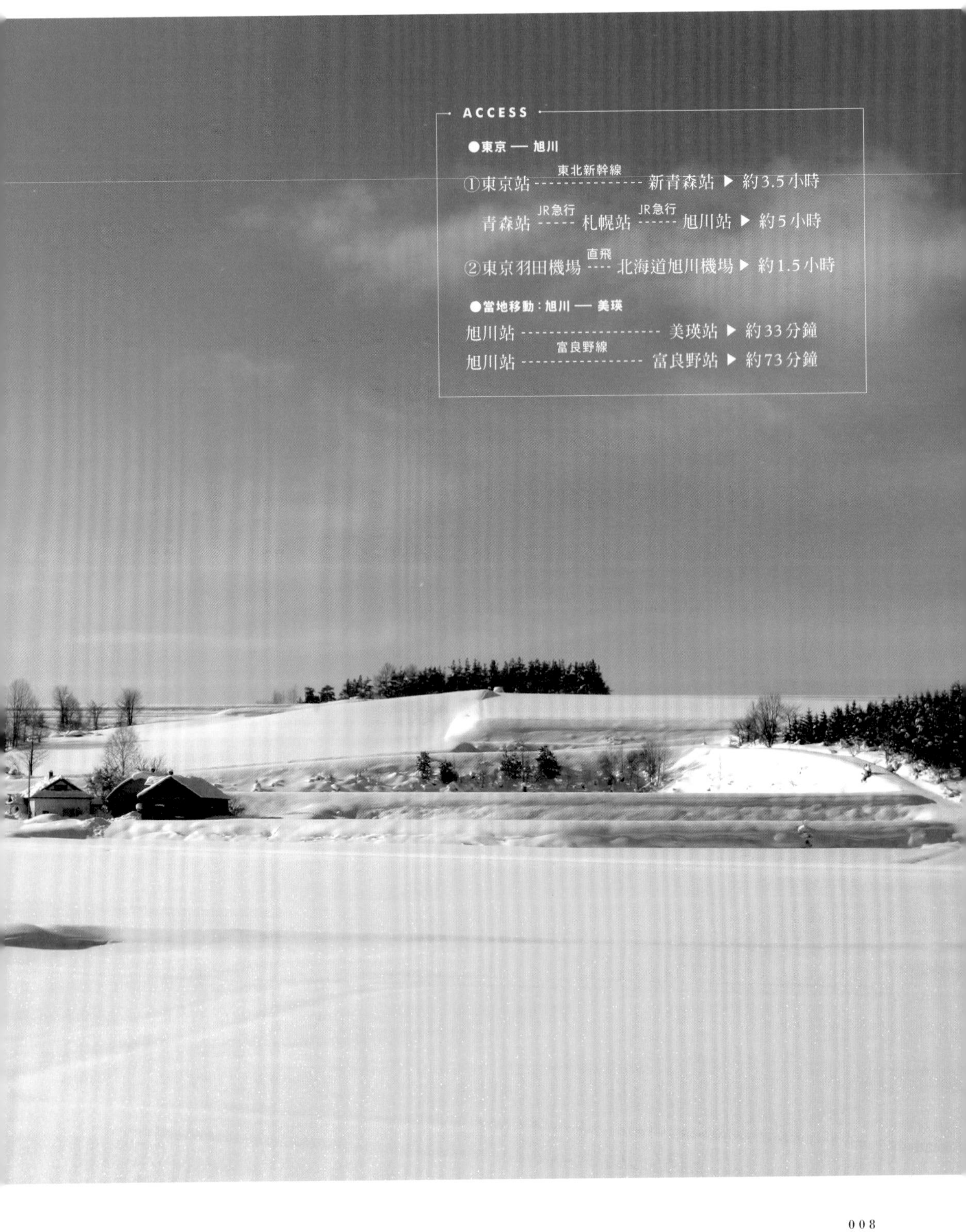

ACCESS

●東京 — 旭川

①東京站 ---(東北新幹線)--- 新青森站 ▶ 約3.5小時

青森站 ---(JR急行)--- 札幌站 ---(JR急行)--- 旭川站 ▶ 約5小時

②東京羽田機場 ---(直飛)--- 北海道旭川機場 ▶ 約1.5小時

●當地移動：旭川 — 美瑛

旭川站 ------------------- 美瑛站 ▶ 約33分鐘

旭川站 ---(富良野線)--- 富良野站 ▶ 約73分鐘

HOKKAIDO 01

春雪的溫柔時光

泡著湯，雪花就飛舞在上。
山下夜景搭配天上星星，譜出一段光的協奏曲。
雪山深處，一夜溫泉。
想必也流轉了多少旅人，來來往往的山中傳奇。

北海道·道央

夏季到訪過北海道的美瑛和富良野，留在印象中的是壯麗花海的避暑勝地，以及多到不行的觀光客。「多麼想看一看安安靜靜的道央哪！」這樣的情緒很久以前就在心底盤據。終於那一年，追著雪，來到了夜裡氣溫驟降至零下二十五度的旭川。沒有薰衣草沒有向日葵沒有旅行團，商店或許也冬季休業，但那又有什麼關係？陽光的北海道縱使令人振奮，可人煙稀少的冬雪風景，靜謐中更縮短了自己與這片土地的距離。

天冷，讓美食和溫泉都變得更無敵；天冷，讓旅伴一句簡單的問候，變成比平常溫暖幾倍的話語。大雪紛飛的隆冬，什麼都沒有的富良野和美瑛要去嗎？當然。旅行，有時候就是要反其道而行。

（上）二宮和也主演日劇《溫柔時光》中，劇組特別搭建的森之時計咖啡館。（下）室內熱烘烘的暖爐，配上室外白茫茫的雪景更顯唯美。

森之時計

A 北海道富良野市中御料
（新富良野王子飯店內徒步五分）

T 12:00-20:45
（夏天人潮混亂，推薦冬天前往）

W www.princehotels.co.jp/newfurano/restaurant/morinotokei/

SPOT 1

森之時計

沐浴在溫柔時光

向來喜歡有日本「國民劇作家」之稱的倉本聰所執筆的日劇。倉本聰的劇本總是非常細膩，步調雖然緩慢，但韻味十足。大部份的劇本都有出書，每每閱讀起他的原文劇本，總能感受到日文用語之美。

其中，由二宮和也主演的《溫柔時光》是以北海道富良野、美瑛爲舞台背景的日劇。從頭到尾流淌著淡淡的憂傷。美麗的風景加上令人動容的情感羈絆，讓許多實際存在的拍攝場景，日後都成爲日劇迷的旅遊勝地。

在富良野王子飯店腹地內的「森之時計」，當時是爲了劇情而建造的咖啡館。小木屋的造型，在劇中隨著新綠盛夏和寒冬大雪季節，各有獨特表情。

最令人印象深刻的是劇中前來喝咖啡的客人，坐在櫃台前，老闆便會遞上磨豆機，讓客人磨出屬於自我手感的咖啡。如今，來到「森之時計」依然在櫃檯席保留此一風格行事。

喝完了咖啡，從「森之時計」步行回飯店的森林沿路上，是一幢幢販售雜貨藝品的小木屋。最後不如進王子飯店裡泡個湯吧，暖熱了身子再上路。

劇中的另外一個場景，二宮和也工作的陶器製作工廠「皆空窯」則位於美瑛。工廠旁的商店販售著劇中二宮和也做給父親的陶杯，同時也開放報名陶藝教室，可以在該地親手捏製出屬於自己的陶杯。

「在富良野的森林裡，有一種最容易哭泣的生物，叫人類。」我想起在《溫柔時光》劇中的這則文案。握著陶杯，啜飲咖啡，瞥見了雪花在窗外迴旋飛舞。故事裡每一滴感懷的淚，最終，都輕盈成隨風而逝的凝結。

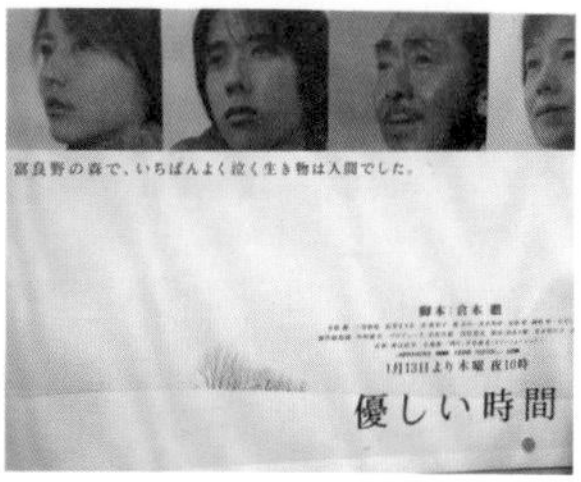

（上）老闆與客人自在地閒聊，森之時計咖啡館就像家一般的放鬆場所。（左）來到森之時計咖啡館，老闆便會遞上磨豆機，讓客人自行研磨出充滿個人風味的咖啡粉。（右）二宮和也與長澤雅美主演的《溫柔時光》海報。

拾來之家

A 北海道富良野市麓鄉
（JR富良野站前搭乘巴士
在「麓鄉線」終點站下車，徒步2分。）
T 四月下旬至十一月中旬09:00-17:30、
十一月下旬至四月中旬10:00-15:30

（上）一九八一年至二〇〇二年推出的日劇《來自北國》拾來之家外觀。（左）麓鄉下之森也是日劇《來自北國》中另一經典場景。（右）拾來之家屋內至今仍保存著當年劇中的室內場景。

SPOT 2

拾來之家

國民日劇的拍攝實景

和《溫柔時光》、《風之花園》並稱爲「富良野三部曲」的《來自北國》，是從一九八一年到二〇〇二年陸續推出的系列劇集。講述也是以親情爲基調的故事，除了動人的生活故事外，劇中覽盡北海道優美風光。

在距離富良野車站約半小時車程的麓鄉市街地，當初因拍攝戲劇而保留下來的場景，如今成爲日劇迷朝聖之處。這一帶包括了以劇中人物五郎爲雪子，以廢棄物品作爲建材打造的「拾來之家」，還有同爲拍攝場景的「麓鄉之森」與「五郎石之家」，都可以近距離進入參觀。

倉本聰的戲劇很重視舞台的背景環境。總是取景於一些很有個性且十分美麗的地方。人物與環境，有著強烈的互動性。喜歡從他的戲劇裡去認識日本，走出一條身在陌生的異鄉，卻又因故事而備感熟悉的場景巡禮。

SPOT 3

夫婦食堂

地廣人稀的北國之味

在保留下來的《來自北國》場景對街，有一間名爲「夫婦食堂」的小餐館，是一九六四年起就在此創業的知名店鋪。無論是來參觀拍攝地的遊客或當地居民，都曾經受到它的照顧。「夫婦食堂」的外觀看起來很普通，不過因此更流淌著在地生活的況味。招牌下掛的入口暖簾，寫著「手打蕎麥」幾個字，原來這間食堂主要是以手工蕎麥麵而自豪的。

使用富良野當地產的蕎麥粉，委託札幌的製粉業者完成加工。蕎麥麵製作比例是以八成的喬麥粉，加上兩成的麥粉，在石臼磨杵與手打之中，恰當融合。一邊手打之際，一邊再不斷加入細粉，最後打出有一定厚度的蕎麥麵。因此，第一次在「夫婦食堂」點蕎麥麵的人，可能會誤以爲那是烏龍。畢竟，這裡的麵條比起一般印象中的蕎麥麵來得粗。但也因爲如此，嚼勁的彈牙感也就更爲深刻。

蕎麥麵一般來說有冷麵跟熱麵兩種吃法。在初春尚下著雪的北國，寒冷的氣溫裡，好不容易躲進了食堂，怎麼說還是想來碗熱呼呼的湯麵吧！於是，就點了幾道該店的特色招牌麵。首先是咖哩蕎麥麵，香濃的湯頭，讓浸在其中的蕎麥麵條也滲透著香醇咖哩香。咖哩麵之外，就是一般以蕎麥湯汁烹飪而出的蕎麥湯麵了。蕎麥的湯汁是使用柴魚（鰹魚）爲基底，加入昆布熬煮而成，味道濃厚，帶著甜甜的香味。

特別的是，「夫婦食堂」裡的一項招牌菜是「鹿肉」系列。同行的工作夥伴就嘗試點了「鹿肉蕎麥麵」和「鹿肉漢堡肉蕎麥麵」。至於鹿肉好吃與否嘛，在我試吃以後，只能說見仁見智了。沒吃過的，不排斥的，或可一嚐。

（上）有著樸實店面與上等蕎麥的夫婦食堂外觀。（中）食堂內牆上掛著當地風景照及當年劇組攝影時的側拍照。（下）夫婦食堂經典招牌菜之一的鹿肉蕎麥麵。

夫婦食堂

A　北海道富良野市麓郷市街地5
T　10:30-19:00／不定休
W　furano.in/shops/restaurant/fufu.html

SPOT 4

大丸美瑛咖哩烏龍

當地新美食No.1主打星

在北海道豐饒的土地上，孕育出的美味食材，始終是吸引外地遊客遠道而來的一大誘因。只是無論魚肉蔬果如何的可口，有個很現實的問題，那就是冬天冷到零下十幾二十度的北海道，基本上整個季節的農作物都難以栽種收成。爲此，如何在「農作物不足的情況下，維持不斷絕的美食魅力？」始終是北海道農家與商家，努力思考的課題。就在這股原動力下，許多不受寒冬阻撓的北海道「當地新美食」於焉誕生。例如，美瑛咖哩烏龍麵。

湯咖哩和札幌的聯結較爲強烈，美瑛則另闢途徑，研發出美味的咖哩烏龍麵成爲當地主打星，標榜爲當地新美食的第一號。這道烏龍麵是當地商家聯合開發的菜色，用固定食譜、制式的食材、配方和烹調方式所料理出來。目前在美瑛有六家左右的餐廳能夠吃到。雖然這些餐廳都依照既定的食譜做出咖哩烏龍，不過每一間店

包含烏龍麵、咖哩、主菜、沙拉和美瑛產牛乳在內的美瑛烏龍咖哩定食。

還是會因爲廚師的手藝，在咖哩的香濃度、配料的口感和麵的彈性上略有不同。

最爲推薦的是位於美瑛中町一丁目的「大丸」（だいまる）餐廳。「大丸」的店長是北海道出身的松田和文。原本在東京工作的他，三十三歲時卻決定辭掉工作，回到故鄉開店。他加入「美瑛町商工青年部」成爲十五名會員的其中一人，在二〇〇五年發起「美瑛咖哩烏龍研究會」推廣美瑛原創的咖哩烏龍定食。

「美瑛咖哩烏龍」有幾項必須遵守的規則，例如定價必須在日幣一千圓以內。定食內容需包含：烏龍麵、咖哩、主菜、沙拉和美瑛產牛乳。且烏龍麵、咖哩醬和主菜必須分開放。吃的時候，則是像吃沾麵一樣，將麵和主菜沾（放）進咖哩後食用。至於使用食材也是自產自銷。烏龍麵是使用美瑛當地的麵粉製作，豬肉（涮涮鍋用的薄片豬肉）、野菜等也是產自當地。

咖哩烏龍麵的口感非常濃厚香醇，屬於日式的甜咖哩口感。主食當中的野菜部分，最令我難忘。恐怕是我來日本這麼多年，第一次吃到如此香甜的南瓜、地瓜和馬鈴薯。眞不愧北海道暱稱爲「野菜王國」的美譽。咖哩烏龍麵另外也有焗烤麵的版本。將咖哩和食材一併放進起司中焗烤，對不想吃湯湯水水的人來說，是另外一種選擇。

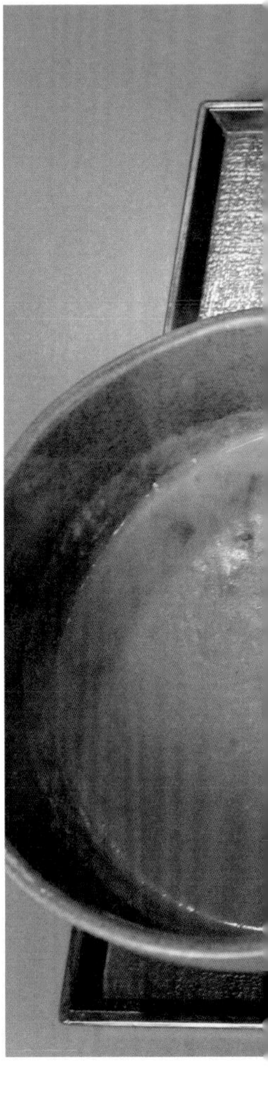

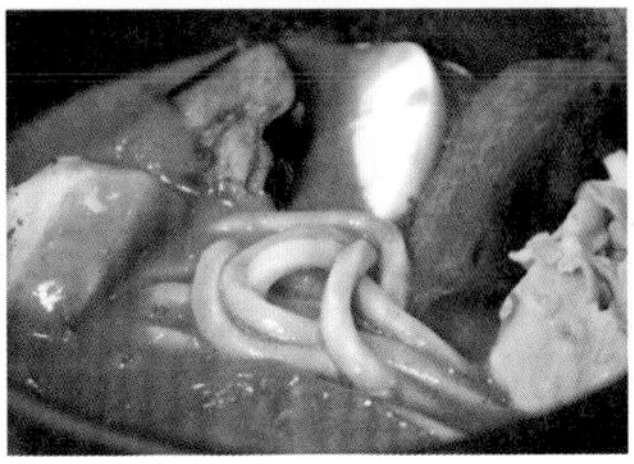

（右上、右下）濃郁的湯咖哩醬汁，口感偏向日式甜咖哩。烏龍麵與咖哩醬分開擺放是最大特色，吃法如同沾麵一般。（左）以北海道當地自產蔬菜製成的招牌焗烤。

冬季時可見大丸店面招牌與屋簷疊上了一層層的積雪。

大丸（だいまる）

A 北海道上川郡美瑛町中町3丁目
T 11:00-15:30、17:00-20:00
每週三休（七、八月除外）

● 單點一份「ザンギ」來嚐嚐！

日式炸雞塊（鶏の唐揚げ）在北海道有個專門的名稱叫「ザンギ」（ZANNGI）。據說因爲當年把炸雞傳入北海道的是中國人，所以其實「ザンギ」唸起來還滿像「炸雞」的變音。本來就愛吃雞塊的我，一入口「ザンギ」，就再次確認了下一趟的美瑛之旅，這間「大丸」餐廳絕對是必要行程了。

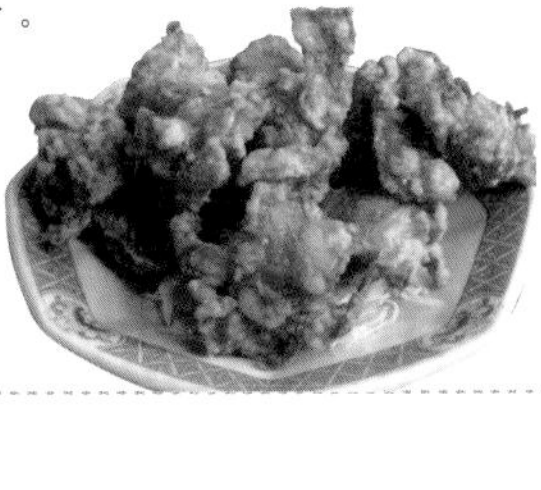

Woody王國

A　北海道旭川市西神樂1線24號
　民宿尚未正式對外營業，開放賣場參觀和工廠見習

W　www.kubo-mokko.co.jp

SPOT 5

Woody 王國

雪國木屋生活的想像

旭川市郊的「Woody王國」是原本從事木工建設的久保木工株式會社，在自家工廠外的一片基地上所興建的「住宅展示場」。所謂的住宅展示，也就是樣品屋，讓有興趣蓋木造房子的民眾，可以實際看到屋型，甚至還可以先來體驗住宿。據老闆所說，未來也計劃開放成民宿。

初春的旭川仍飄著雪，幾棟木屋在雪花紛飛中，更顯有如夢境之中的童話之屋。整片基地上一共有十種房型的木屋，依照容納人數和設施，外觀和室內設計都有所不同。每棟住宿木屋內的設備都一應俱全。甚至其中還有一棟木屋，是規劃成三溫暖。

一走進木屋裡，木材的香氣頓時襲來。用材質優良的木頭打造出來的木屋，取自於大自然，當然比起鋼筋水泥來說，和人的距離也就更靠近了。窗外的日光，投射在白晃晃的雪堆上，又反射進落地窗內的屋內，把整間木屋盈滿著朝氣感。

踩著階梯走上閣樓，想像著大雪紛飛，在這樣的小木屋裡生活的北國情調。不知怎麼，看著看著，心底就突然升起一股回到小時候的校外教學，和同儕們在夜裡睡通鋪的興奮之情。

因為專長善於木工，故在「Woody王國」也販售不少木工雕琢的用品。對於木工生活有興趣的朋友，或許在這裡能窺見幾分，日本木工職人的專精。

(左)在暖爐上直接煮水和烤麵包，是北海道日常的居家風景。(右)樣品屋的內部有著日式建築一貫的淺色系木構造。

（左）店內書櫃陳列著各式各樣的漫畫提供客人翻閱。（右）富良野屋咖啡館有著白色斜屋簷和明亮玻璃窗的咖哩的外觀。

咖哩的富良野屋
（カレーのふらのや）

A 北海道富良野市弥生町1-46
T 11:00-22:00／不定休

SPOT 6

咖哩的富良野屋

湯咖哩，落入舌面的驚喜

二〇〇〇年起，北海道政府以打造富良野・美瑛成全日本代表性的「咖哩街道」爲目標，利用當地盛產的美味蔬菜與品質優良的肉品，推出一道道美味餐點。在這其中，有一間位於富良野車站不遠處的「咖哩的富良野屋」是以販售「湯咖哩」爲主的咖啡館，開幕以來即成爲當地的話題。

「咖哩的富良野屋」是一間造型可愛的咖啡館，透天的屋頂讓冬日的陽光灑進室內，即使外頭是零下十度的氣溫，在室內彷彿也錯覺外頭的陽光如此溫暖。這裡提供的湯咖哩，添加進的香料嚴選自斯里蘭卡有機栽培的香料。將這些上等的食材，經過十二個小時的慢火熬煮而成的咖哩湯頭，口感醇厚，入口時感覺到一種溫柔的態度。湯咖哩內的雞肉，可選擇帶骨的雞腿肉或無骨肉。建議選擇帶骨的雞腿肉，感受一下燉得熟爛的雞肉，在齒間輕輕一推，就落入舌面的驚喜。

經過十二小時慢火熬煮而成的湯咖哩，帶骨雞腿肉入口即化美味無限。

SPOT 7

旭山動物園

運動不足，企鵝散步

來到旭川，當然不能錯過的就是知名的旭山動物園。如果旅程已經拉到札幌遊玩，那麼不妨搭個特急電車，大約一小時半即可抵達旭川。尤其是冬季時期的旭山動物園，靄靄白雪的壯麗景致，對生活在亞熱帶國家的人來說，絕對是一生難忘的景色之一。

每年十二月中旬到翌年三月中旬，冬季開園的旭山動物園最大賣點，便是「企鵝散步」。原來野生的企鵝是需要大量運動的動物（別瞧牠們那麼胖嘟嘟的，其實很好動，一點都不懶），因此關在動物園裡的牠們，常有運動不足的困擾。每到冬天，整座動物園都變成雪山時，就是牠們的天下了。

時間一到，就看到一群企鵝，笨頭笨腦的現身。搖晃著看似笨重，其實靈活得很的身軀，從起點出發，不疾不徐地順著動物園裡的員工向前走。看企鵝的我們，就沿著牠們的散步路線站在一側。散步的路線比想像中來得長，到了終點以後會再繞回來。整條路上都沒有用繩索圍住，不過企鵝們都好乖，非常聽話，不會亂跑。其中有隻小企鵝特別調皮，無論出發或回程，都一定要搶先走在前面當領隊。企鵝小志氣高，走著走著，還會忍不住貪玩地不走了，乾脆用整個身體在雪地上滑行，可愛到爆點。

除了能站在一旁看企鵝散步，還可以跟著企鵝一起散步。說是企鵝運動不足，但搞不好反而是成天坐在辦公室的你才是呢。

最後要提醒，拍企鵝照時不能用閃光燈。當然，企鵝再怎麼可愛到有想衝上去擁抱的衝動，也必須自我克制。

北極熊輸陣不輸鵝

大雪紛飛的旭山動物園裡，符合季節感的動物除了企鵝以外，北極熊也很受到歡迎。大白熊雖然沒有企鵝陣仗那麼大，只有少少幾隻，但牠們可愛的程度一點也不輸給企鵝。特別是那張無辜的臉，慵懶的動作，以及毛茸茸的，好似很溫暖的身體。北極熊坐臥時感覺不到其大小，但忽

旭山動物園

A 北海道旭川市東旭川町倉沼（旭川站前右手邊線橋通上的巴士站搭乘41、42或47號巴士前往。）

T 依季節不同開園時間不一，請以官方網站資訊為主。

W www5.city.asahikawa.hokkaido.jp/asahiyamazoo/

然一站起來，比人還碩大得多的身軀就充滿震撼感了。

相較於企鵝的活蹦亂跳，北極熊的慵懶，雪地裡的長頸鹿則顯得淡定許多。雪地裡的長頸鹿，不曉得是否因爲太冷而顯得動作遲緩？不過，牠們本來就是動作遲緩的動物，所以也分辨不出來。

空曠的雪地裡僅有兩隻長頸鹿，顯得有些寂寥。牠們伸長脖子四處張望，好像在探索春天的消息。別急別急，雪季快要結束了，春天還會遠嗎？一起加油，好嗎？

企鵝散步時間

「企鵝散步」三月以前每天有約兩次左右的散步時間，三月以後到散步日截止之前，每天只有早上十一點一次。

(左)旭山動物園裡的北極熊。
(右)企鵝散步時間一到，企鵝們便搖頭晃腦地粉墨登場。
(下)佇立在雪堆中一動也不動的長頸鹿。

限定販售的
動物紀念短襪！

TODAY'S ONSEN

SPOT 8

十勝岳溫泉

北海道海拔最高溫泉鄉

在上富良野町和美瑛町之間，幾乎可說是北海道中央部的位置，有一座標高兩千零七十七公尺的活火山，名爲十勝岳。十勝岳是大雪山國立公園內十勝岳連峰的主峰，在春夏季節總有許多登山愛好者來訪，而進入秋冬之際，大雪紛飛，則變成滑雪勝地。這裡之所以聞名，除了得以從事季節性的活動之外，還因爲溫泉而充滿魅力。這裡有兩座溫泉，一座名爲白金溫泉；另一座是十勝岳溫泉。其中，十勝岳溫泉標高一千兩百九十公尺，堪稱是北海道海拔最高的溫泉鄉。

房間外夢幻的雪景

十勝岳溫泉雖然自古以來就存在著，不過開發得較晚。這一帶稱爲溫泉鄉，但總共只有三間溫泉旅館。最早的一間在一九六三年起對外營運。當初要前往該旅

KAMIHORO莊內設有紀念品販售處。

KAMIHORO莊（カミホロ莊）

A 北海道空知郡上富良野町十勝岳溫泉（若非駕駛自用車，可從富良野線的上富良野站，轉乘町營巴士上山。車程約四十五分。）

W tokachidake.com/kamihoro/

館，並無車道，只存在登山道，是針對登山客留宿的旅店。到了一九六六年正式開通了聯絡道路以後，就能開車上山抵達。此後便吸引了非登山客的到來。

　這次拜訪的是三間溫泉旅館之中的KAMIHORO莊（カミホロ莊）。這間溫泉旅館的外觀看來雖然平凡，房間內部也是普通的榻榻米和式房，但卻是很值得一泊之處。讓旅館身價高漲的並不在於建築本身，而是緊鄰的壯闊美景。冬季時分，旅館以一片雪白作爲靠山，走進房間裡，寒冬中泡一盅熱茶，眺望玻璃外靄靄白雪鋪蓋的森林，極度夢幻。

滑雪人士愛好的溫泉地

秋冬來雪，夜裡溫度降到攝氏零下二十幾度也是常事。能夠在這樣的氣氛中留宿溫泉旅館，享受美食，邊泡湯邊欣賞雪景，任誰都會承認是人間樂事。

　深冬時節，投宿的旅客中，有不少是滑雪人士。不只日本人，意外的是遠從歐洲來訪的旅人也不少。在露天風呂泡湯時，身旁有幾個來自瑞士的年輕人，隨意地聊了起來。好奇瑞士本身不就有許多滑雪勝地嗎？何以特地跑來這裡滑雪呢？男孩們回答，北海道的雪比較乾鬆，滑起來質感更好。最重要的是還有瑞士沒有的東西，那就是「無可替代的日本溫泉」。

（上）採用北海道自產野菜製成的家常料理。（下）溫泉入口處佈告欄張貼著多樣化的推薦行程。

　在KAMIHORO莊的戶外溫泉池裡，泡著湯，雪花飛舞在上。溫泉裡的身體熱呼呼，雪花靜靜地飄到臉龐上。明明戶外很冷，卻感覺非常溫暖。清晨若是幸運，從溫泉池還能目睹到雲海從眼前擴散開來。雲海散去，視線穿過雪林，可以清楚地鳥瞰到富良野盆地；晚上天氣若好，山下夜景搭配天上星星，譜出一段光的協奏曲。

　雪山深處，一夜溫泉。想必也流轉了多少旅人，來來往往的山中傳奇。

標高一千兩百九十公尺的十勝岳溫泉，堪稱是北海道境內海拔最高的溫泉鄉。

TODAY'S ONSEN

ACCESS

●東京 — 青森

東京站 --東北新幹線-- 新青森站 ▶ 約3小時41分

●當地移動：新青森 — 淺蟲溫泉

新青森站 --JR奥羽本線／特急つがる-- 青森站 --青い森鐵道-- 淺蟲溫泉站 ▶ 約30-40分

（視當日接駁狀況而定）

AOMORI
02

津輕
淺蟲溫泉的人情

淺蟲的雪停了，但厚重的雪仍積在路上。
放眼望去，清淨非常。
只有半凝結成冰的溪水中，
幾隻停泊在水上的天鵝，是途經的相逢。

青森・淺蟲

「二月中旬的淺蟲溫泉，有什麼不可錯失，非得一見的據點嗎？」當我在JR的旅遊窗口，完成了套裝行程的訂購手續以後，隨口問了問替我處理票券的工作人員。阿姨想了想，臉上閃過一抹尷尬的表情，回答我：「隆冬季節嘛，大概除了雪景以外，還是雪景。」話一落盡，又補充：「但是雪景也很美噢。如果想要修養身心，好好的泡個湯、吃個溫泉美食的話，那麼這時候去，可以享受清淨的環境。」清淨的環境，更實際的詮釋就是人煙稀少，什麼也沒有的意思。

即使什麼也沒有，其實也無所謂的。因為對於生在南方島嶼的我們來說，雪，怎麼看都仍是夢幻的憧憬。

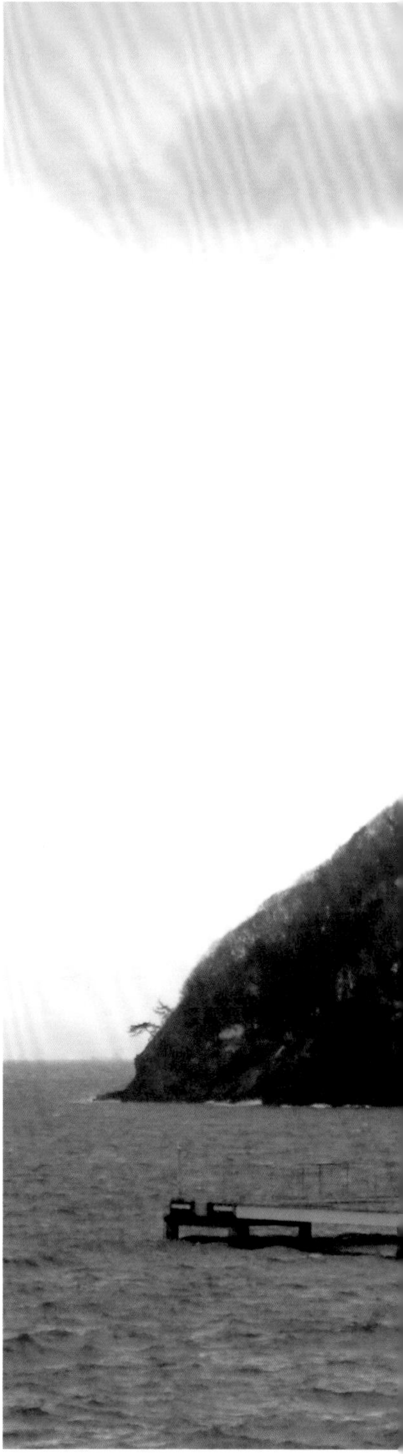

SPOT 1

めぇ太宰拉麵

太宰之味，淺蟲前行

淺蟲溫泉是離青森市區最近的溫泉鄉。搭新幹線從東京到青森縣，列車停靠的地方是JR新青森站。從這裡搭約七分鐘左右的電車到JR青森站再換一次車，大約二十分鐘的車程就可抵達淺蟲溫泉。

太宰拉麵店內牆上拓印許多太宰治的作品摘句、手稿與電影介紹。

對家人來說，最主要的目的是去淺蟲泡湯賞雪；然而，對我而言，除了泡湯賞雪以外，還有一段追尋太宰治的文學之旅。在新青森車站轉車之際，我的文學旅程已經悄悄開始。私心的在站內挑了間名為「めぇ」（津輕方言中，美味之意）的食堂帶家人午餐，不只因爲店家標榜賣的是青森鄉土料理，更因爲那裡能吃到一款傳說中的「太宰拉麵」。

太宰拉麵是以津輕產的醬油爲湯底，加上太宰治喜歡的鄉土食材如竹筍等，經過融合以後所發想而成的拉麵。現實中的太宰治，是否也曾嘗試過這樣的吃法並不得而知。而吃著太宰拉麵的我，看著店裝牆壁上拓印著作品摘句、手稿和書影，在陣陣舌尖的美味中，想像著到了到東京生活、家道中落的太宰治，如果在冬夜一個人，飢寒交迫中吃到一碗這樣的鄉土拉麵，是不是也會感到溫暖，重拾一絲對人生的希望？清爽而甘美的拉麵，所幸是溫暖了我。味道還殘存在口中，搭著電車，轉眼抵達了淺蟲溫泉。

「めぇ」太宰拉麵

A 青森縣青森市大字石江字高岡140-2あおもり旬味館 1F
T 09:00-21:00
W tabelog.com/aomori/A0201/A020101/2006101/

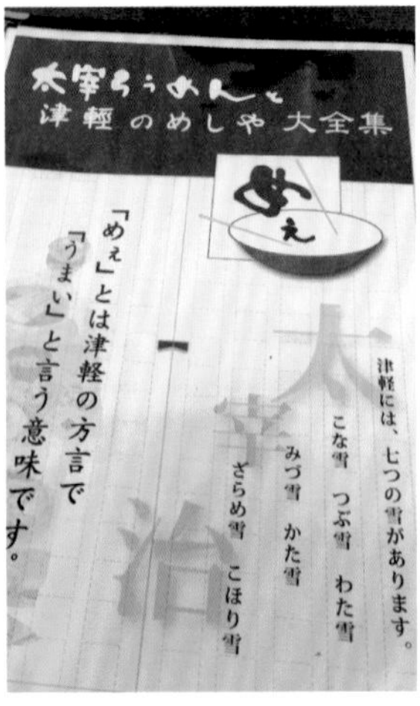

（左）太宰拉麵以津輕出產的醬油為湯底佐青森鄉土食材，吃來爽口而甘美。（中）青森鄉土料理十三湖蜆拉麵。（右）以知名作家太宰治為主題印製成的餐廳菜單。

SPOT 2

淺蟲溫泉鄉

在太宰治和淺蟲之間

隆冬，陸奧灣冷冽刺骨的強風在淺蟲溫泉車站外迎接，像看不見卻感受強烈的盛大排場。淺蟲的雪停了，但厚重的雪仍積在路上。放眼望去，果然是「清淨」非常。只有半凝結成冰的溪水中，幾隻停泊在水上的天鵝，是途經的相逢。

「水那麼冰，牠們一定冷死了吧！」媽媽同情的說。姊姊回應：「不會吧？牠們可是穿著比你的羽絨衣成分更純正的羽絨耶。」所言不虛。媽媽拉緊了身上的羽絨衣，還是擔心自己要緊。告別天鵝，三個人在雪地中拉著行李，逆著風，繼續前行。

淺蟲溫泉。怕昆蟲的人，恐怕會因「淺蟲」這名詞而卻步。其實淺蟲跟蟲一點關係也沒有。淺蟲這兩個字，其實是從「麻蒸」這個同音字轉化而來的。西元八七六年，慈覺大師發掘了這一帶有溫泉。當時他使用溫泉的方式並非入浴，而是以溫泉熱氣來蒸濕麻布來熱敷使用，故得此名。

（上）冬季的淺蟲溫泉。（右）淺蟲溫泉站車站前觀光景點告示牌。（左）溫泉鄉的天鵝。

文學的淺蟲溫泉

原本從古時就為人所知的淺蟲溫泉，因為日本文豪太宰治而更加聞名。太宰治在書裡寫過，他在中學時代曾到過淺蟲溫泉泡湯。另外，在更著名的《津輕》一書中，淺蟲溫泉也再度登場成為小說舞台背景。

沿著國道四號公路，行經此路段時可見遼闊湛藍海景。

SPOT 3

物產館——道の駅ゆ~さ市場、ゆ~さ淺蟲

白雪堆積的另類散步

陸奧灣的海邊，夏天時會開放海水浴場，是淺蟲溫泉的旅遊旺季；冬天時，常因大雪紛飛，戶外因積雪不方便前行，是淺蟲溫泉淡季。一到二月該屬淺蟲最冷的月份，會在這「除了溫泉和雪什麼也沒有」的季節來到，必然是很自得其樂的旅人。我和隨行的家人，恰好就是這一種。

海風冷冽得刺人，雪中的步伐也顯得沈重。沿著小溪走，有一座建在半山腰上的神社，名爲八幡宮。顯然隆冬時節，是沒人會來這裡參拜的，除了鳥居附近的住家外，神社周圍只有一片白雪。被雪掩埋一半的招牌指著往前走是「自然遊步道」。原來在雪融以後，前方就是登山的好去處。

雪阻擋了前方，散步路線折返。一路走回淺蟲車站前，發現觀光協會所在地的建

（上）谷地山登山道入口處的八幡宮神社。（左下）物產館內所販售的青森拉麵系列調理包。
（右下）物產館所販售的產地直送青森蘋果。

築內有兩間室內市場。「道の駅 ゆ～さ市場」專賣當地採收的生鮮蔬果；「道の駅 ゆ～さ浅虫」則專營各式海鮮加工的土產伴手禮。「ゆ～さ浅虫」三樓除了美術館以外，五樓還有得以眺望陸奧灣和湯之島的展望浴場，每個月二十六日為「溫泉日」會將溫泉添加藥材和玫瑰，別有風趣。

大概是冷太久，一走進物產館那麼溫暖的地方，看見那些令人食指大動的美味，就立刻繳械了。搜刮一堆海鮮乾物等土產，還有一袋十幾粒的蘋果以後，又發現有更美味的，差一點就要宅配整箱的蘋果回東京。

道の駅 溫泉ゆ～さ市場、ゆ～さ浅虫

A 青森縣青森市淺蟲螢谷341-19
T 各季節與各樓層開放時間，參照官方網站公告
W www.yu-sa.jp/access/index.html

物產館外觀一隅。

SPOT 4

辰巳館

溫泉女將的暖暖人情

夜泊淺蟲，挑的是一間老旅館，名爲「辰巳館」。舊館，同時也是正門入口，是從以前留下來的木造建築；後方擴建的新館，則主要作爲客房使用。這一晚住宿的新館，所有的房間都是面海房。拉開窗簾，目光穿越陽台，緩緩的，降落在對面的淺蟲地標，陸奧灣的湯之島。

黃昏和清晨，遠眺海灣中的湯之島，擁有著兩種表情。一種百般慵懶，另一種精神抖擻，各自詮釋著極端的青森美景。

這幾年，總覺得來到日本鄉間的溫泉地，就會想刻意挑選帶有一點歷史感的旅館投宿。特別是家族經營的溫泉旅館，接待客人的態度，肯定會比大飯店更多一點人情味。而在和式房間內享用的宴席料理，吃起來也更有家庭料理的滋味。辰巳館大約也是這樣的感覺。

返回飯店，吃完晚餐，小歇片刻泡完湯，在鄉下的老旅館裡，距離睡前尚有大

把的時間，該如何消磨呢？方才買的日本酒和零嘴，就是救星了。

翌日，退房時，老闆娘送了我一份當地的老舖羊羹，說是作爲「道歉」之禮。爲何要道歉呢？我很驚訝。老闆娘才說，因爲旅館大廳正在整修，可能讓動線不方便，也可能有點噪音，所以感到抱歉。實在太客氣了。我不好意思的收下，表達謝意。

離開飯店，路走到一半，媽媽突然想起自己似乎遺落了一條手巾在旅館。該回去拿嗎？但怕趕不上要搭的電車。可是見到媽媽失落的表情，我決定以最快的速度衝回旅館。正準備起跑之際，遠遠看見一個迎來的晃動身影。居然是奮力奔跑過來的老闆娘！手上握著正是媽媽遺忘的手巾。

「趕到了！太好了！」她氣喘吁吁地說。

實在是太感人了。無以名狀的感謝，只能用語言、鞠躬和笑顏回報。媽媽開心的收好失而復得的手巾，同時也包裹起了淺蟲溫泉暖暖的人情。

青森限定！蘋果造型碗的蘋果飲品。

辰巳館
A 青森縣青森市大字淺蟲字山下281
W www.tatumikan.com/home.html

（上）辰巳館洋溢舊日時代感的建築外觀。（左下）辰巳館旅館內部小巧溫馨的溫泉浴池。（右下）辰巳館提供的日式宴席料理，吃來別有家庭料理的溫馨。（右頁）自辰巳館遠眺湯之島，流動海景與漂浮白雲盡收眼底。

SPOT
5

MARRON COFFEE

店門口手繪的摩登俏麗女郎格外引人注目！

昭和摩登的咖啡館早餐

從淺蟲溫泉回到青森市區，停泊一夜，翌日清晨，尋找早餐之處。如果想要以生魚片丼飯開啓早晨的序幕，那麼就該往「古川市場」和「青森海鮮市場」前進。但這一天的我，卻想反其道而行，早餐不吃海鮮，而想尋覓一間風格獨具的喫茶店。

市區小巷內的MARRON COFFEE（珈琲店マロン）若非有當地人介紹或夠強的美食雷達，肯定是要錯身的。剔除連鎖咖啡

（左）牆上的老時鐘與櫃裡的老玩具，全是自始至終的光陰守護。（右）充滿昭和時代摩登感的店內擁有許多主人珍愛的老件收藏。

店，在青森市區內一早就營業的個人咖啡館並不多。大馬路上看到了零星的喫茶店雖然是個人經營的，卻感覺不夠特殊，也沒有提供喫茶店獨有的「morning set」早餐。在某條小路上，發現了這間藏在某棟不起眼的公寓二樓，大隱於市的MARRON COFFEE。

拾階而上，踏進咖啡館裡的驚喜比預期來得更多。令人感到懷舊的裝潢，並非刻意的復古，而是自始至終的光陰守護。店家主人蒐集了許多古董，從老時鐘到咖啡機等，一字排開的咖啡空間，在這個又逐漸流行起昭和摩登的年代，反而有股潮流的時尚感。正因如此，別以爲來店的都是年邁的客人，在MARRON COFFEE裡多是早起的當地年輕人。

創業已超過四十五年的歷史，店內維持著提供傳統早餐，簡單清爽，卻令人感覺飽足。一片奶油烤土司，一杯手沖熱咖啡，再加上喫茶店裡「morning set」多會附上的水煮蛋，在和風洋味的老式咖啡館中，撇開趕鴨子行程的倉促，沒有海鮮的青森，依然是很夠味的美好早晨。

MARRON COFFEE至今仍
供應著傳統的晨間套餐

MARRON COFFEE（珈琲店マロン）

A 青森縣青森市安方2-6-7
T 07:00-21:00
每月第一、三、四週的週三休
W llabout.co.jp/1/237815/1/product/aomori_gourmet_04.htm

2

COURSE 2

決定去溫暖一顆心時
請來這裡

YAMAGATA / OITA

如詩如畫的鄉愁—— 山形・銀山

銀山溫泉街／しろがね湯・かじか湯・おもかげ湯／永澤平八／野川溫泉豆腐

沈浸的悠悠時光—— 大分・別府

喫茶店NATSUME／別府站前市場／不老軒、CHIHARA、塩月堂
東洋軒／別府市街溫泉／明礬溫泉／鐵輪溫泉／九州自然動物公園

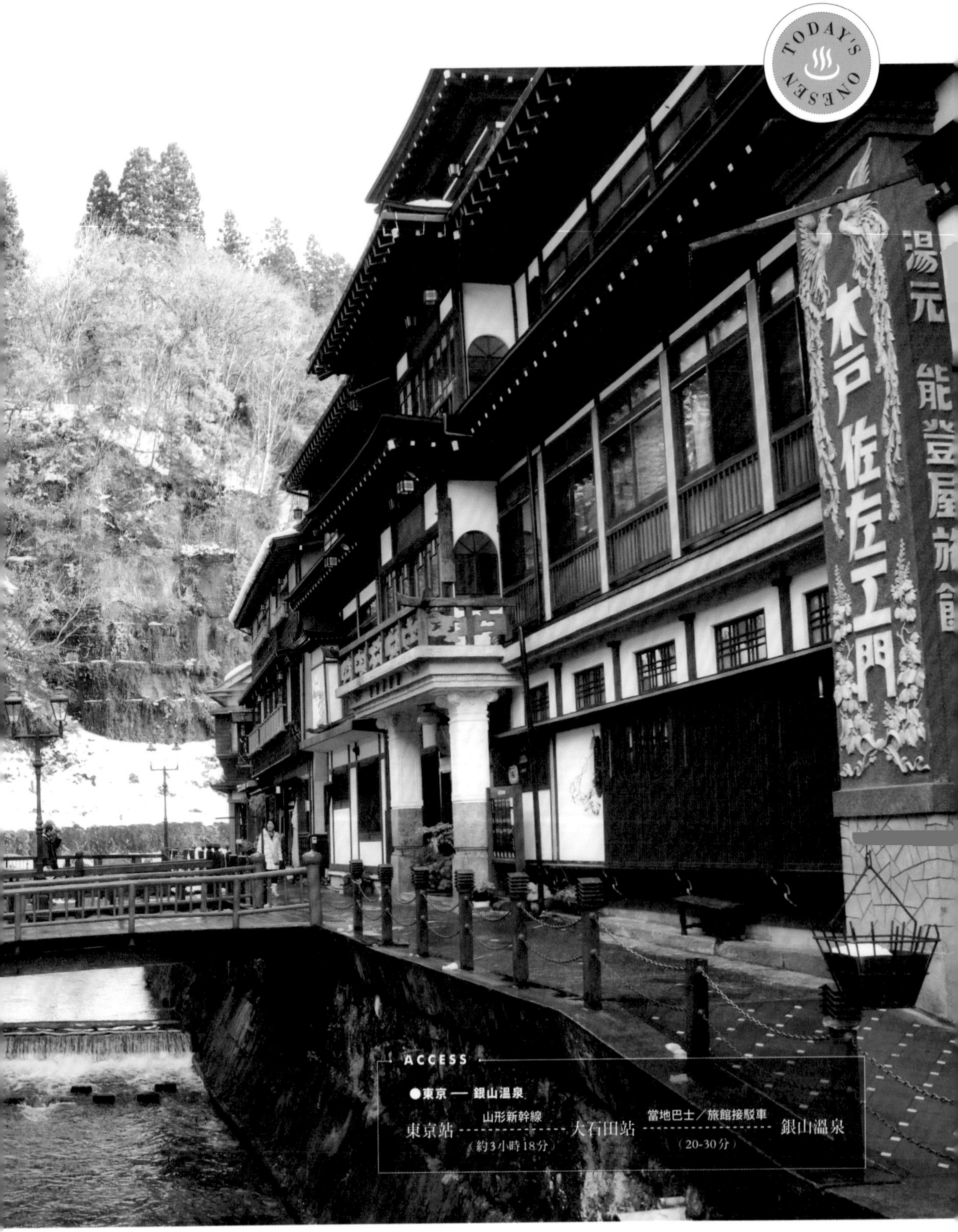

ACCESS

●東京 — 銀山溫泉

東京站 ---山形新幹線（約3小時18分）--- 大石田站 ---當地巴士／旅館接駁車（20-30分）--- 銀山溫泉

YAMAGATA 03

如詩如畫的鄉愁

推開木窗，溫泉硫磺味淡淡飄散，
屋裡的暖氣和窗外的冷風狹路相逢，
夾在中間的我，全身舒暢得漸漸有了睡意。
先乾掉一杯梅酒再說吧！
這一夜，肯定好眠。

山形・銀山

《阿信》這部勵志向上，賺人熱淚的故事，相信是很多日劇迷心中的經典劇碼。

故事裡阿信出生於山形縣，而其中有一個重要的拍攝場景，便是取自於山形縣的銀山溫泉。銀山溫泉可算是「升級版旅人」的進階選擇。比起其他的溫泉鄉來說，這裡可說是僅有一條街而已。大概走一圈，半小時就能走完，觀光腹地並不大。但縱使如此，光是站在溪水上的小橋，望著整條溫泉街，那有如置身明信片的靜謐美好，從再遠的地方過來，僅僅一刻的瞬間也值得。

SPOT 1

銀山溫泉街

因為愛，銀山就此出名

阿信的母親在銀山的溫泉旅館（銀山溫泉能登屋）工作，當時還是小女孩的阿信被迫與母親分隔兩地，但怎麼都想要見上一面的她，於是不顧一切隻身造訪了這座深山裡的溫泉鄉。母女兩人在銀山溫泉久別重逢，雖然僅能共宿一夜，卻成爲支撐阿信在寂寞中成長，拾起勇氣咬牙走下去的重要關鍵。

小橋流水，流水兩側並排的百年木造旅館，旅館的屋間中裊裊升起的溫泉蒸氣。如詩如畫的浪漫美景，卻有著化不開的鄉愁，全因爲愛。由於深刻的故事使然，也因爲銀山溫泉鄉的風景確實美麗，故這些年來阿信幾乎就等於銀山溫泉的代名詞，印象深植人心。如今，在銀山溫泉入口的「觀光案內所」（旅遊資訊站）內，介紹溫泉鄉的資料仍以阿信爲主題，並有阿信的簡介資料。二〇一三年版的電影海報也張貼在外頭。

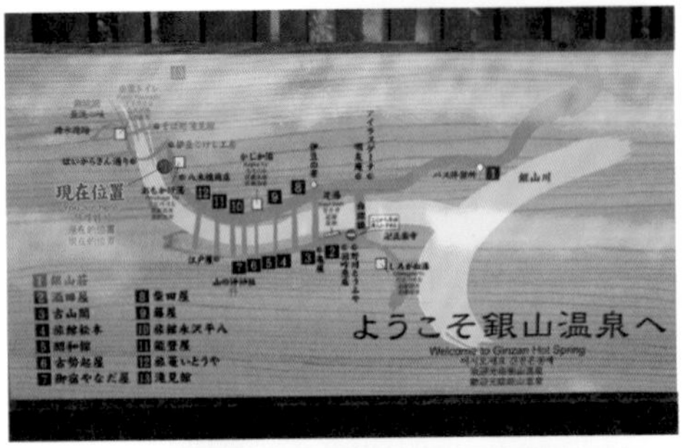

（由上至下）大石田站車站外觀。銀山溫泉道路位置指示牌。夜間的銀山溫泉街道在瓦斯燈的柔黃光調下更顯風情。

大正浪漫時期風味的溫泉鄉

銀山溫泉並不算是熱門的溫泉觀光地。去到這裡的交通挺舟車勞頓的，搭乘新幹線經過山形市以後到「大石田」站下車，從東京出發大約就得花上三個多小時。抵達大石田站，再到銀山溫泉還要二十多分鐘的車程。站前有定時發車的巴士，不過最方便的還是聯絡好飯店派送接駁車。銀山溫泉的旅館基本上都算是有頭有臉的旅館（就是不便宜的意思啦），所以小巴接送是必備的服務。

銀山溫泉從大正時代（一九一二年至一九二六年）開始，在昭和年代蓬勃發展。大正年代暱稱爲「大正浪漫時期」，因爲這時候日本開始接受大量的西洋文化。銀山溫泉鄉就流淌著這股大正浪漫風。日式溫泉旅館的靈魂散發著和風，而木造建築的外觀則揉合了西洋古典味。如今這裡歷史悠久的溫泉旅館，仍保留了當年的氣氛。特別到了晚上，溫泉街上點起瓦斯燈，柔黃色澤中更是情調滿分。當然，要眞正感受銀山溫泉的靈魂深處，就得走進溫泉旅館了。

（上）覆蓋層層白雪的白銀公園步道一隅。（下）銀山溫泉街融合日式溫泉旅館的精神與西洋古典建築的外觀。

寒冬體驗戶外足湯，
不但雙腳暖乎乎還能
享受大自然美景。

A 山形縣尾花沢市銀山新畑內
T 10:00-16:30

SPOT
2

しろがね湯、かじか湯、おもかげ湯

不留客的大眾湯

在這裡沿著溪水兩畔的旅館，全是古色古香的木造質感，約有十三家左右，除了提供食宿之外，部分旅館也開放給不留宿的旅人純粹泡湯。另外，還有三間非飯店附屬的大眾溫泉，分別是「しろがね湯」、「かじか湯」和「おもかげ湯」三間。前兩間是一般男女分開的大眾浴池，後一間則是以五十分鐘爲一單位的租借湯屋。

不過，既然特地遠道而來，還是覺得留宿一晚比較值得。一來是可悠閒地享受溫泉鄉獨特的夜晚風情，二來是可享用旅館內的當季美食。

男女專屬的「しろがね湯」和「かじか湯」大眾浴池入口處。

SPOT 3

永澤平八

古風情懷裡，時間的表情

矗立在銀山川的清流中段的「永澤平八」，是三層樓的木造旅館，在約百年前的大正時代末期建造，是當初溫泉鄉第一幢木造三層樓房。如今的旅館當然還是當年細心維護保存下來的建築，古風情懷裡，有時間的表情，卻一點也不顯疲態。進駐旅館，熱情的溫泉女將上門迎客。玄關深處是櫃檯，斜對面則是公共休憩空間。牆上掛著當年《阿信》劇情拍攝時，飾演阿信老年時的演員合影和簽名。每天早上，在宴會室裡吃完早餐以後，這裡提供免費的現磨咖啡。

走上三樓的客房，推開木窗，就能俯瞰銀山川和整條溫泉街。溫泉硫磺味淡淡飄散，屋裡的暖氣和窗外的冷風狹路相逢，夾在中間的我，全身舒暢得漸漸有了睡意。忽然，殘雪從屋簷滑下，一瞬吃驚。啊，怎能浪費大好時光呢？先泡個湯，暖暖身子，趁著日落去溫泉街上逛逛吧！

（由上至下）十分復古的旅館櫃台接待處，至今仍由女將親自服務每位住客。永澤平八客房陽台邊設有沙發區供旅人休憩眺望街景。永澤平八男湯一隅，冷天泡溫泉是最棒享受。（左）永澤平八旅館外觀，同時也是銀山溫泉第一幢木造三層樓房。

永澤平八

A 山形縣尾花沢市大字銀山新畑445
自大石田站搭乘當地巴士或旅館接駁車，車程約二十至三十分鐘。

W www.ginzanonsen.jp/nagasawa/

SPOT 4

野川溫泉豆腐&旅館鄉土料理

旅館特製的
山形鄉土料理芋煮

溫泉鄉的美味

銀山溫泉的商店街不多，但各具特色。幾間能用餐的小店，也附設咖啡館，沒走幾步路就覺得天寒的話，買個甜品坐進來喝杯下午茶也不錯。

有一間名爲「野川」的小店專賣溫泉豆腐。號稱是用當地水質優良的溫泉水製作而成的豆腐，分成冷熱兩種。我買了熱的，淋上醬油，雖然吃起來其實就像台灣的油豆腐，可在冷冷的氣溫中，躲進一旁避寒的小木亭和家人分食，倒溢出一股純粹質樸的美好滋味。

（上）旅館特製的山形當季食材料理。（由左至右）溫泉豆腐店野川購入的手工熱豆腐，口感有如台式油豆腐。來到山形自然不能錯過新鮮爽口的米澤牛料理。銀山溫泉街當地販售各種手工藝品的紀念品店。（右頁大圖）銀山溫泉街當地販售各種日式大福的土產店。

傍晚回到旅館，女將們已經將房間擺好用餐陣仗了。用當季食材料理出來的美食，一字排開，眼花撩亂。該先吃生魚片或者知名的「米澤牛」呢？或者是小火鍋上熱氣蒸騰的山形鄉土料理「芋煮」呢？讓我們先乾掉一杯梅酒再說吧。吃飽了，夜裡到昏黃瓦斯燈映照的浪漫小街走走，睡前再泡個湯，這一夜，肯定好眠。

野川溫泉豆腐（野川とうふや）

A 山形縣尾花沢市銀山新畑427
T 07:30-售完為止

東北限定商品！甜點和毛豆泥的相遇

土產店裡常能見到用毛豆泥做的甜點或餅乾，是這一帶的名產之一。

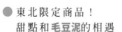

ACCESS

●博多 — 別府

博多站 ---JR日豐本線特急ソニック--- 別府站 ▶ 約2小時

●當地移動：大分機場 — 別府北濱

大分機場 ---機場特急巴士エアライナー--- 別府北濱站 ▶ 約1小時

OITA

04

沉浸的悠悠時光

日光落在溫泉池水上，波光粼粼，
增添幾分老溫泉的優雅風情。
霧氣模糊了視野，沉浸在溫泉中閉起眼。
溫泉池畔嘩啦啦的水聲和男孩們談笑，
帶著回音，一種夢境的況味。

大分・別府

喜歡日本溫泉，卻從未沒踏進過素有溫泉天堂之稱的大分縣別府，恐怕怎麼樣也不能自稱已徹底感受到溫泉之美。關於溫泉，地球上共有十一種泉質，光是別府溫泉就囊括了十項。湧泉量和湧泉數都是日本第一。走進別府，隨處都是霧氣繚繞的風情景致。超過一百個以上的溫泉浴場，地獄溫泉裡各式各樣的奇景設施，復古風情的木屋並排的溫泉小街，以及溫泉甜點和美食，都讓這處溫泉天堂，成為獨一無二的存在。

時間在這裡，被溫泉的煙霧給蒸得緩慢了。這一次請放慢腳步，只去別府，只在別府。在別府溫泉裡，認識並享受，沉浸的悠悠時光。

SPOT 1

喫茶店NATSUME

為別府守住一片人文風景

雨後的清晨，雨勢漸漸增大的異鄉小鎮，哪兒都不去，想找一間咖啡館躲雨。從別府在地人的口中，獲得了這間喫茶店NATSUME（なつめ）的情報。在距離別府車站有三、四個街區之遠的「ソルパセオ」商店街中，當所有的店家仍在沉睡之際，NATSUME已拉開門簾開始營業。

我喜歡走進日本特有的「喫茶店」文化，感覺「不是別處，就是這裡」一股無可替代之在地氣氛。飽滿著昭和年代的風味，並非復古，而是從以前到現在就沒有改變。

NATSUME整間店都流淌著喫茶店才會有的氛圍。室內昏黃的燈光，皮製的座椅，室內的牆上和小角落裝飾著店長喜好的裝飾，並擺放著店家慣用的咖啡器具，光是這些就讓人感覺別無分號的獨特性。

喫茶店NATSUME的手工咖啡，標榜溫泉咖啡。並非所有的溫泉都適於引用，店裡用來沖咖啡的溫泉，來自於屬於飲泉的別府觀海寺溫泉。很多地方的溫泉都還是會帶著臭味，但這裡的溫泉喝起來完全沒問題。搭配NATSUME自家烘焙的咖啡豆，口感十分柔順。咖啡豆提供外賣，據說不少喜好咖啡的別府當地人，都習慣來這裡買回家喝。

吧檯後方的櫥櫃裡擺滿了咖啡瓷杯，瓷杯前則是NATSUME的靈魂。帶著笑顏的老闆娘，在跟熟客聊天的同時，嫻熟地沖出一杯杯手工咖啡。一人獨撐著這間店，老闆娘為喜歡喫茶店的客人打造了一處休憩的空間，同時也為別府溫泉守住一片人文的風景。

喫茶店NATSUME（喫茶店なつめ）
A 大分縣別府市北浜1-4-23
T 09:30-21:30

店內昏黃的燈光，皮製的座椅，牆上裝飾著店長喜好的裝飾。

（左）一邊帶著笑顏聊天，一邊手沖咖啡的老闆娘。
（右）喫茶店的溫泉咖啡。

SPOT 2

別府站前市場

別府市民的廚房

向來有「別府市民的廚房」之美譽的「別府站前市場」，是想要最快、最準確了解別府在地生活的捷徑。可別小看這條看起來有點老舊，似乎不怎麼起眼的市場長街喔！在這裡，從種類繁多的熟食配菜、生鮮魚肉蔬果，到大分縣名產炸雞塊、雞肉天和現做的美味壽司，甚至包括日用品，和寵物食物與用品等等，幾乎什麼都能買到和吃到。

市街裡的傳統市場裡出現的事物，一定是最貼近當地人生活的樣貌。市場裡一定會有賣些能夠馬上食用的熟食，也許不是什麼連鎖名店，但多半是受到居民愛戴的國民美食，便宜、道地又好吃。

在別府站前市場裡，特別喜歡一間已有六十五年歷史，名爲「天野」的小菜店。這間廣受別府市民愛戴的小店，除了販售便當以外，更多的是價格實在的配菜。豐盛的配菜多達七十多種！其中，一定要嘗試吃吃看的招牌菜是萵苣壽司。店裡現做的壽司，將把一大片萵苣卷在其中，包上海苔以後，入口清爽，感覺是非常健康的一道壽司。新一代的天野老闆十分熱情，每天都以最新鮮的食材，製作出不變的美味，隨時等待著台灣觀光客的到來！

（上）天野的老闆。（下）府站前市場，熟食生鮮甚至當地名物都可以買到。

べっぷ駅市場

別府站前市場（べっぷ駅市場）

A 大分縣別府市駅前町12-13
T 各店家不一
W www.SPOT-sc.jp/ichiba/index.html

天野小菜店（天野おかず店）

A 大分縣別府市中央町6-22（站前市場內）
T 8:00～18:00／每週三休
W www.SPOT-sc.jp/ichiba/shop_dish.html

SPOT 3

不老軒 別府冷麵CHIHARA 塩月堂

別府站前鄉土小吃

別府站前有許多小店家，看似平凡無奇的外觀，其實都透過飲食，象徵著當地的人文精神。來一趟鄉土小吃散步，是在溫泉之外，別府的另一項魅力。

不老軒的老闆每日手工製造限量和菓子。

推薦1 和菓子老鋪「不老軒」

若問起別府老市民，別府站前值得推薦的和菓子店時，往往可以聽見「不老軒」的名字。這間創業約有九十年的老店，位置並不在熱鬧的大街上，所以會前來的旅人，必然都是獲知於在地人的情報。推薦這裡賣的一種叫做「石垣餅」。無論是有包餡或沒包餡的，只要用電鍋稍微蒸一下吃，都好吃得不得了。年事已高的老闆，每天仍遵循古法，手工製造出數量有限的和菓子。到了別府，記得來和他問好。

和菓子「石垣餅」

CHIHARA（別府炭燒亭ちはら29）
A 大分縣別府市北浜1丁目11-2
T 11:00-14:00、17:00-24:00

不老軒
A 大分縣別府市楠町6-3
T 09:30-19:30
W tabelog.com/oita/A4402/A440202/44005602/

推薦2 別府冷麵CHIHARA

別府冷麵，是當地名物。

因爲別府擁有地獄溫泉巡禮的關係，很多人誤解別府的名產之一是地獄拉麵。其實別府並無地獄拉麵，有的是另外一項名物，別府冷麵。日本東北的盛岡冷麵十分出名，事實上在西日本，別府冷麵的名聲也不小。在別府四處都能吃到冷麵，這家炭燒亭CHIHARA（ちはら）主要是賣燒肉，但冷麵也是當地人相當推薦的，故可讓想同時吃到別府冷麵與九州燒肉的人，一網打盡。

塩月堂

A 大分縣別府市元町14-16
T 09:00-20:00
W www.yuzuman.com

（上）柚子饅頭。（左）和菓子老鋪塩月堂。

推薦3 塩月堂

同樣也是和菓子老鋪，創業於一九一〇年。以柚子相關製品而出名。推薦柚子羊羹和柚子饅頭。昭和天皇從前到訪別府時，曾到過這間店，十分喜歡這裡的柚子饅頭，故也成了該店流傳的佳話。

東洋軒
A 大分縣別府市石垣東7-8-22
T 11:00-14:30、17:00-21:30
W www.toyoken-beppu.co.jp

SPOT 4

東洋軒

雞肉天婦羅的發源地

大分縣是全日本日式炸雞塊（雞唐揚）消費量最高的地方，在日本說到炸雞塊就會想到大分縣。有別於「雞唐揚」的炸法和口感，別府則發展出另外一種料理方式，稱爲「雞肉天」（雞肉天婦羅）。跟雞唐揚最大的不同是包裹面皮的炸法，比較接近於天婦羅的麵衣。

如今在別府四處都能吃到的「雞肉天」根據不同店家，口味各異。要想吃最原始的味道，就要當當地的東洋軒酒樓。這間當地的中國餐廳，其實就是最早開始販售雞肉天的地方。發想於中菜概念，爲日本人改良出合味道的新菜單，雞肉天早已成爲別府的國民美食。

雖然是中菜，但來到日本吃吃看被日本人改良後的中菜，也是一種樂趣。

OITA
TODAY'S ONSEN

べっぷしがい おんせん
《別府市街溫泉》

竹瓦小巷散步之旅

從別府站前開始散步之旅。

SPOT 5

油屋熊八紀念雕像

遇見「別府觀光之父」

從別府車站為起點，可以進行一趟竹瓦散步之旅。這一帶占地不算太廣，但卻匯聚了許多特色街景與店鋪。漫步其中，不由自主就悠閒起來的步調，是讓我更加喜歡上別府的原因之一。

別府站前有一尊紀念油屋熊八先生（一八六三年至一九三五年）而矗立的雕像。油屋熊八被稱為「別府觀光之父」，原因是別府之所以能成為觀光地的原點，就是由他所打下的基礎。油屋熊八不僅早在一九一一年就於別府開觀光飯店，更在一九二八年創辦當地的地獄巡禮觀光巴士。值得一提的是在觀光巴士上，他首創隨車的女性導遊，這成為了全日本最早擁有女性隨車導遊的先驅。

當年他寫下的宣傳標語「看山去富士，看海到瀨戶，泡湯來別府」如今刻在雕像旁，仍為人津津樂道。

SPOT
6

站前高等溫泉 & KOKAGE國際民宿

典雅懷舊的住宿地

走在別府站前的街上，時時會聽到流淌的音樂。這音樂哪來的呢？路燈或街上並無看見音響。問了當地人，才知道音響居然藏在地底下。就是這個下水道的蓋子中，音響在裡面。不可置信地蹲下來貼近以後，果然聽見音樂從地底冒出來。這也太妙了。難道因爲溫泉之鄉，所以什麼都得從地底冒出來的關係嗎？（笑）

距離站前不到兩分鐘的路程，會看見一幢日本大正年代末期的古老建築。這裡是當地知名的「站前高等溫泉」。不止提供泡湯，也能休憩和住宿。以歐風建築中的「半木造形式」打造，混合紅磚與石塊，內部的棟樑則是日本當地的木材。即使不進去泡湯，光是站在建築外頭，也能感受到一股典雅的氛圍。

鑽進高等溫泉旁的小巷子，發現藏了一間名爲「KOKAGE」（こかげ）國際民宿。這間民宿外觀看起來很洋派，但一走進去，發現是十分具有昭和時代日式洋風的空間。創立於一九四〇年的這間民宿，擁有國際認證，是目前大分縣唯一一間國際民宿。因此除了日本客人以外，也有很多外國旅客。

KOKAGE除了提供住宿以外，一樓也是喫茶店。老闆搜集了許多老東西，和洋文化的集合，充滿懷舊的氣氛。不投宿，來此享用一杯咖啡也很有意思。

（上）KOKAGE是目前大分縣唯一一間國際民宿。（下）KOKAGE一樓是喫茶店，老闆搜集了許多老東西。

國際民宿KOKAGE（こかげ）

A 大分縣別府市駅前町8-9

W ww6.tiki.ne.jp/~kokage/index_j.html

溫泉之鄉地下音樂

街道上的音樂就從這個下水道的蓋子下，慢慢傳來。

站前高等溫泉，日本大正年代末期的古老建築。

站前高等溫泉

A 大分縣別府市駅前町13-14
T 浴湯：06:00-24:00
W kotoonsen.com

SPOT 7

藝術商店 SELECT BEPPU

別府在地的設計與美學

散步途中，在西法寺通上，看見一間兩層式的木造老屋。走進以後才發現是一間文創商店，名爲「SELECT BEPPU」。這間長屋已有百年歷史，經過整修後，搖身一變成爲美術館商店，展示和銷售與別府相關的設計、藝術商品。

這些作品的創作者，有些是別府出身的藝術家，有些則是曾經跟別府有深刻緣分的外地人。透過這裡蒐集的作品，了解別府除了溫泉以外，近年來也致力於發展藝術之都。和瀨戶內海藝術祭一樣，每三年也會舉辦一次別府藝術祭。

在「SELECT BEPPU」的二樓，邀請了出生於東京，成長於台灣的藝術家林明弘，將其招牌的台灣花布作品，巧妙裝飾在榻榻米房間。紅花盛開的生命力美感，和式空間的禪意靜謐，台灣與日本兩種風格，在此意外地完美融合。

兩層式的木造老屋，是藝術商店SELECT BEPPU。

platform04 SELECT BEPPU

A 大分縣別府市中央町9-33
T 11:00-18:00／每週二休
（參觀林明弘作品，入場費為日幣一百圓）
W www.beppuproject.com/blog/book-c-sect-b/

（左、中）店內銷售與別府相關的設計、藝術商品。（右）台灣花布作品，巧妙裝飾在榻榻米房間。

梅園溫泉
A 大分縣別府市元町5-23
T 12:00-23:30

光壽泉
A 大分縣別府市元町5-11
T 12:00-24:00

（右上）光壽泉飯店內的大眾浴場。（右下）光壽泉湯屋內部用瓷磚裝潢，拼貼出美人和金魚的彩繪。（左上）光壽泉的小小入口。（左下）巷內懷舊的梅園溫泉。

SPOT 8

梅園溫泉&光壽泉

小巷內的溫泉

散步途中，幾個轉角就能遇見一個溫泉浴場。這些溫泉有大有小，大致上入場費均為日幣一百圓。雖然有些溫泉浴場看起來有些破舊，但都只是外觀上的問題。推開門以後，無論空間再怎麼促狹，溫泉池水保證是乾乾淨淨的。

其中，有兩個藏在小巷弄的溫泉特別值得一看。第一個是一九一六年開始營業的「梅園溫泉」，這是號稱全日本藏在最狹窄巷弄裡的小溫泉。溫泉池中最多只能塞進四個瘦子，所以如果您很有分量的話，若看見池裡已有兩人，請稍微衡量一下，免得一下水，溫泉就溢光了。

另一個小溫泉叫做「光壽泉」。其實，光壽泉是一旁的旅館「野上本館」附屬的溫泉。野上本館的溫泉除了飯店裡本身的大眾浴場外，還有出租的包廂湯屋。湯屋內部用瓷磚裝潢，拼貼出美人和金魚的彩繪，很有錢湯的懷舊氛圍。

SPOT 9

竹瓦溫泉

竹瓦小路裡的地標建築

一九二一年竣工的「竹瓦小路」是日本現存最古老的木製拱廊商店街，已被認定爲別府溫泉關聯遺產，以及近代化產業遺產。別看現在冷冷清清的，當年完工時，可是話題滿分。許多遠從四國和關西的人，都會特地前來參觀。如今在這條斑駁的小巷弄裡還有許多日式小酒館、居酒屋委身於此。穿過竹瓦小路，就會抵達這趟散步之旅的重頭戲了。

竹瓦散步之所以稱爲「竹瓦」是因爲這一帶最重要的景點，就是緊鄰竹瓦小路的這座竹瓦溫泉。竹瓦溫泉是別府溫泉的地標建築，古色古香的木造建築，歷經時光洗滌，依然風韻猶存的溫泉池，在裊裊煙霧的包裹中，朦朧的天光下，每一處都是那麼的古老，卻又那麼的典雅精緻。

除了大眾溫泉池外，竹瓦溫泉也有砂湯。別府兩種知名的溫泉體驗，都能享受。泡完湯以後別急著走，好好在竹瓦溫

竹瓦溫泉古色古香的木造建築是別府溫泉的地標。

泉大廳內的休息區，喝杯茶，在時間都恍若要被溫泉蒸氣給停滯的空間中，聆聽自己的身體與心靈的對話。

「竹瓦」的由來

竹瓦溫泉建於一八七九年，在一九〇二年改造成兩層樓的木造樓房。現在的建築則是一九三八年再次改建而成。最早房子的屋頂，曾用山下砍下的竹子，將其剖成兩半當作臨時的瓦片鋪設，故得竹瓦之名。

日式風情的路標

竹瓦溫泉

A 大分縣別府市元町16-2
T 06:30-22:30／十二月第三個週三休
砂浴：08:00-22:30／每月第三個週三休
W www.city.beppu.oita.jp/01onsen/02shiei/04takegawara/takegawara.html

(左)「竹瓦小路」是日本現存最古老的木製拱廊商店街。(右上)大眾溫泉池外，竹瓦溫泉也有砂湯。(右下)竹瓦溫泉大廳內的休息區。

SPOT 10

潮騷之宿晴海&白菊飯店

別府市區推薦溫泉飯店

別府溫泉有非常多的溫泉旅館，從民宿的形態到高級的飯店，依照喜好和預算，以及旅店提供的設施和服務，絕對能夠找到符合自己喜歡的地方。這次介紹兩間溫泉飯店，一間靠海，一間靠近別府車站，各有特色，對於遠到而來的外國觀光客，表現出比其他飯店更爲熱情的接客態度。尤其是飯店內的餐飲也很有水準，值得推薦給想去別府玩玩的朋友。

推薦1 潮騷之宿晴海

潮騷之宿晴海（以下簡稱晴海）是別府溫泉內較新的一間飯店。標榜所有客房都是面海房，且所有房間都附有露天風呂（室外溫泉池）。因此想要泡湯，可以到樓下的公眾浴場，或者直接在客房內的露天風呂也行。

溫泉飯店內精緻餐點。

潮騷之宿 晴海
（潮騷の宿「晴海」別府上人ケ浜温泉）
A 大分縣別府市上人ケ浜町6-24
W www.seikai.co.jp

對喜歡投宿溫泉旅館的朋友來說，是很吸引人的條件。

全館分爲二〇〇七年開幕的「晴之棟」、二〇一一年開幕的「海之棟」兩大區。客房的形式，晴之棟有八種類，海之棟有四種類。室內極簡的設計，室外寬闊的景觀，和洋融合的套房，與其說是飯店，感覺更接近於高級公寓的生活感。

公眾浴場部分，有「晴之棟」一樓，幾乎於海邊沙灘連成一線的「潮燒之湯」，以及視線能夠越過別府灣，晴朗時甚至可能看見四國小島的「昇陽之湯」。館內有三間餐廳，均以日本料理爲主。

（右）潮騷之宿晴海標榜所有客房都是面海房。（左）和洋融合的套房，接近高級公寓的生活感。

（左）白菊飯店的大眾浴場。（中）白菊飯店內的客房。（右）飯店提供的會席料理，食材全是大分縣的特產。（下）溫泉池占地廣大，依照不同的溫度和泉質功效，分成好幾個區域。

白菊飯店
A 大分縣別府市上田の湯町16-36
W www.shiragiku.co.jp

推薦2 白菊飯店

白菊飯店算是別府市內歷史悠久的知名地標飯店。因爲經營的時間長，接待客人的經驗也豐富，館內的服務人員的態度也更加無微不至。

飯店共分成可以眺望到鶴見岳的「本棟」、以及能望見別府灣的「東棟」和「溫泉棟」三大區。其中溫泉棟的溫泉，分成室內的楠湯殿和室外的菊湯殿。

我特別喜歡白菊飯店的大眾浴場。溫泉池占地廣大，依照不同的溫度和泉質功效，分成好幾個區域。喜歡泡湯的朋友，想必在這裡能獲得全然的解放。

客房的部分除了和式與洋式的房間之外，另外還有檔次更高的「菊萬葉」套房。這房間適合家族一起共宿，內部附有私人溫泉池。

飯店提供的會席料理，使用的食材全是大分縣的特產。包括遠近馳名的大分縣河豚肉，以及甜美可口的豐後牛肉鍋。新鮮食材本身的美味，加上恰到好處的烹調技術，於我而言，十分合味。

OITA

TODAY'S ONSEN

みょうばん おんせん

《明礬溫泉》

入浴湯花起源地

「溫泉湯花」的入浴劑（溫泉粉）。

SPOT 11

湯之里

親訪湯花製造現場

在別府溫泉郷的眾多溫泉中，有一處名爲明礬溫泉。從江戶時代開始，這裡就是製造明礬的溫泉地。明礬可用作藥物也可用來作爲染料，而到了明治年間，從製造明礬的過程中，逐漸發展出「溫泉湯花」的入浴劑（溫泉粉）。只要將白色的湯花投入水中，就能還原出相同的白濁溫泉，在家享受泡湯樂趣。自此，明礬溫泉開始出名。

如今，在明礬溫泉的「湯之里」地區，仍能看見留存下來的湯花小屋。湯花的製造，就是在這些木造的湯花小屋中，利用地底冒出來溫泉的噴氣來製造出來。打開特別開放給觀光客觀摩的湯花小屋之門，得以觸摸溫泉湯花的生成與採收。

在湯之里除了可參觀湯花製造外，也可實際泡湯。就在湯花小屋旁，有另外一排小木屋是家族湯屋。湯屋雖然隱私，但畢竟是密閉空間，見不到風景。只要再往半山腰上走一點，就是可欣賞到遼闊山景的

湯之里

A 大分縣別府市明礬溫泉6組
自別府站前搭乘「亀の井巴士」開往APU方向，至地藏湯前站下車，車程約三十分鐘。
T 泡湯區：10:00-20:00
W yuno-hana.jp

（上）在湯之里除了可參觀湯花製造外，也可實際泡湯。（左）到湯花小屋可參觀溫泉湯花的生成與採收。

戶外大眾池。

泡完湯，別忘記在出口的販賣部來一罐西打汽水。小小瓶身一罐，幾乎兩三口就能一飲而盡的西打（サイダー）是明礬溫泉的名物。覺得再平凡不過的汽水，此時趁著熱熱暖暖的當下，享受沁涼的降溫，竟也變得不同凡響。

離開前，自然不能忘記帶幾包湯花溫泉粉。回到煩悶的都會生活以後，只要一包在家入浴，就能重返別府，舒放解憂。

湯花入浴劑

在日本各大溫泉鄉都有販售濃縮的溫泉湯花入浴劑。別府的湯之里是最初開始製造的發源地。從江戶時代開始生產，已超過兩百九十年。現在被列爲國家重要無形民俗文化財產。

西打是明礬溫泉的名物

SPOT 12

岡本屋

地獄蒸布丁、溫泉烏龍麵、溫泉蛋

地獄蒸布丁、溫泉烏龍麵、溫泉蛋這三樣是最爲推薦的溫泉美食。別府溫泉鄉內的許多地方都能吃到，若想一網打盡，則可拜訪明礬溫泉附近的「岡本屋」店鋪。

別府的「地獄蒸布丁」是吃過以後，最讓我難以忘懷的一道當地美食。我本來就是個愛吃布丁的人，因此只要有機會吃布丁，必然會嘗試一番。一吃完別府的地獄蒸布丁以後，我的「布丁口感記憶排行榜」立刻重新洗牌，進入名列前茅的地位！

之所以把這布丁稱爲地獄，是起因於別府觀光地中有一地獄溫泉之名。利用溫泉水和溫泉蒸汽製作而成的布丁，手工的口感相當濃密醇厚，而底部使用焦糖也十分夠味。

很多台灣人都誤以爲別府的名產是「地獄拉麵」。可能是受到別府有「地獄溫泉巡禮」觀光地的影響。事實上，當地因溫泉而聞名的麵類不是拉麵，而是烏龍麵。

利用溫泉水和溫泉蒸汽製作而成的「地獄蒸布丁」，令人難忘。

岡本屋

A　大分縣別府市明礬4
T　08:30-18:30
W　www.jigoku-prin.com/shop/

半熟的溫泉蛋，配上特製的醬汁的「溫泉烏龍麵」。

溫泉雞蛋，放進蒸籠中，利用溫泉蒸汽來蒸熟。

半熟的溫泉蛋，配上特製的醬汁，撒上蔥花和海苔，攪拌烏龍麵一起食用，清新爽口，適合肚子不太餓又覺得該吃點東西的時候。倘若不想吃麵，半熟溫泉蛋也能加到牛肉拌飯裡吃，是另一種選擇。

最後就是我們台灣人也熟知的溫泉雞蛋了。過去在北投也能自己煮溫泉蛋，不過別府的溫泉蛋做法上，並非直接雞蛋放進溫泉水中煮熟，而是放進蒸籠中，利用溫泉蒸氣來蒸熟。雞蛋根據溫泉的泉質不同，蒸煮方法各異，吃起來味道也不同。

SPOT 13

鶴見岳公園

別府近鐵空中索道纜車

別府除了溫泉以外，市內還有一座標高一千三百七十五公尺的鶴見岳山，若搭乘近鐵空中纜車登山，則可到山頂眺望到整個別府和別府灣區。不同季節，從山峰俯瞰的三百六十度景致都不同。春天當然是櫻花遍野的美景；夏天是生氣盎然的茂密綠葉；秋天是別府賞紅葉的勝地；冬天若幸運遇到下雪，山頂便是一片銀色世界。

拜訪別府是在二月初春，原本應該是邁向新綠的季節了，該說是「幸運」嗎？那幾天偏偏遇上別府難得的大雪，整片山都成了恍如童話的夢幻景致。隨著空中索道向上攀爬，從纜車內的景觀窗就能看見山坡斜面上，被雪覆蓋的霧凇，每一株都是大自然雕琢的藝術品。山頂神社的紅色鳥居，在一片白茫茫的雪地中格外顯眼。

紅色鳥居在白雪中格外明豔。

站在山頂的雪地中鳥瞰別府，遠方地表升起了裊裊的溫泉煙霧。深深覺得，這眞是個被自然偏愛的地方。但也是因爲別府人珍惜、喜愛並且認同這片土地上的資源，所以才懂得小心翼翼地保護著、包裝著，然後將這份美好，遞交給所有外來的我們。

鶴見岳公園
別府近鐵纜車

A 大分縣別府市大字南立石字寒原10-7
T 09:00-17:00
（11月15日至3月14日開放至16:30）
若遇強風或氣候不佳則停駛，
以官方網站公告為主。
W www.beppu-ropeway.co.jp

OITA

TODAY'S ONSEN

かんなわ おんせん

《鐵輪溫泉》

別府溫泉的心臟

（上）葫蘆溫泉露天浴場。（左下）竹簍裡的溫泉蛋。（中下）葫蘆溫泉的設施內部，透露出一股光陰經過的歷史感。（右下）葫蘆溫泉的砂浴。

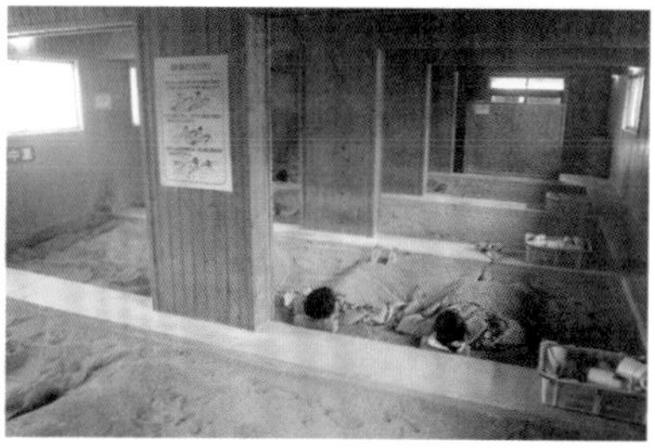

SPOT 14

葫蘆溫泉

鐵輪溫泉必泡湯

別府、濱脇、龜川、鐵輪、觀海寺、堀田、柴石和明礬溫泉，合稱爲「別府八湯」。這些小溫泉鄉，共同組合成了廣義的別府溫泉風貌。其中，偶爾會看到宣傳別府的照片上，出現從半山腰俯瞰溫泉霧氣繚繞的村落景象，那幾乎已代表了別府的形象，正是出自於鐵輪溫泉。

若稱鐵輪溫泉是別府溫泉的心臟，我想一點也不爲過。在眾多的溫泉浴場中，有一知名的老牌公眾浴場名爲「葫蘆溫泉」，創業迄今已經超過了八十多年的歷史。葫蘆溫泉占地廣大，在這裡有許多不同種類的溫泉池，包括檜浴池、沙浴、蒸湯、岩浴池、瀑布浴等等，算是種可享受各種泡湯方式的娛樂。

葫蘆溫泉的設施內部，透露出一股光陰經過的歷史感。霧氣繚繞中，走進浴場，赤腳踏在磨石子的地板上，每一步彷彿都感受到時間的挪移。

室內的大眾湯設計
就是使用胡蘆形狀。

戶外溫泉池在四周綠色植物的包裹中，可見遼闊的藍天。通常我比較喜歡戶外的露天風呂，但在葫蘆溫泉，我卻喜愛的是它的室內溫泉。

室內溫泉中有一葫蘆形狀的石子溫泉池，這便是葫蘆溫泉的名稱由來了。在室內幾個溫泉池的中央，別緻地保留下一株老樹。屋頂開了一口讓樹幹向外延伸的同時，也引進了天光。日光落在溫泉池水上，波光粼粼的，增添了幾分老溫泉的優雅風情。

霧氣模糊了視野，沉浸在溫泉中，就乾脆閉起眼吧。耳邊傳來溫泉池畔的嘩啦啦的水聲和男孩們的談笑，帶著回音，一種夢境的況味。

泡完湯後，可在設施裡的戶外庭園吃點東西。除了別府招牌的地獄蒸布丁和溫泉蛋以外，更推薦此地的「湯樂悠遊霜淇淋」。利用溫泉水製作出來的香草霜淇淋，加入溫泉果凍，兩種口感同時入口。溫泉霜淇淋帶著鹹甜中和的味道，是近來風行的甜品口味。

竹製冷卻裝置，湯雨竹

別府溫泉的泉水溫度高達一百度，要如何將泉水以符合經濟效益，且不用一般冷水稀釋的方式降溫呢？這可是泡溫泉的人不會想到的事。繞到葫蘆溫泉後方的空地時發現一個神秘的構造，解答了疑惑。

這裡架設了一個特殊的竹製冷卻裝置，稱作「湯雨竹」。湯雨竹在外形上像是一個茅草屋，炙熱的溫泉水從屋頂上嘩啦嘩啦流下，只要短短幾秒鐘，原本高達九十六度至九十八度的溫泉，被竹節篩落到下方的儲水槽時就立刻剩下十七度至四十八度左右了。

為什麼如此神奇呢？其實是利用當地產的竹子分岔成枝的特性，讓泉水流經時散成水滴。在這過程中熱水蒸發時會因「氣化熱」原理而降溫，故成了天然的冷卻系統。湯雨竹使用的竹子壽命約四年。每四年就需要全部更換一次。

聽起來似乎很簡單，但其實是要經過嚴密的設計才能達到效果。如今，湯雨竹從葫蘆溫泉的開發起始，已將此技術推廣到整個九州，甚至全日本。因為溫泉，激發出和大自然結合的新科技，也是一種別府精神。

利用竹子分岔成枝的特性，做成天然的冷卻系統，在外形上像是一個茅草屋「湯雨竹」。

葫蘆溫泉

A 大分縣別府市鐵輪東159-2
T 09:00-01:00（凌晨）
四、七、十二月不定休，以官方網站公告為主。
W www.hyotan-onsen.com

SPOT 15

鐵輪街道

漫步別府的代表風景

鐵輪鎮上的街道氣氛純樸卻極具風情，是別府印象的代表性畫面。在高低起伏的坂坡石路交織而成的區域中，地面上隨處都冒著溫泉蒸氣，氣氛特殊。

斜坡上除了各式溫泉浴場外，還有許多賣著當地名產的老店和食堂。老街上延伸的民宅建築，雖然斑駁，卻帶著時光感。漫步其中，溫泉鄉風景讓平日緊張的生活步調，終於靜緩下來。

錯綜複雜的小徑中，許多轉角，都能見證溫泉時光裡的歷史跡地。例如從前在沒有洗衣機的古早年代，這裡曾有一處專門供洗衣服的地方（洗濯場）。因爲這裡的溫度較低，泉質也適合拿來洗衣服，故在有心人士的設置下，打造出這處讓婦人們方便洗衣的場所。時代變遷，洗衣場終於廢棄，但當地人不忘卻過往，決定將這樣的「溫泉遺產」保存下來。那是對前人的回憶，也是對迄今仍源源不絕的溫泉，抱著感謝之意。

透過鎮上許多類似於這樣的「溫泉遺產」，外來的旅人們也了解溫泉在此的發展和重要性。關於這一點，日本人在推行觀光文化上總是不遺餘力的。不必經過說教式的刻板傳遞，在自然而然的散步中，就能在那些被保留或還原的歷史場景中，走進時光的隧道，完成一場穿越之旅。

高低起伏的坂坡石路，地面上隨處都冒著溫泉蒸氣。

（左）鐵輪街道洗衣場。（中）路面上還設計著溫泉圖案。（右）鐵輪溫泉街上的懷舊標示。

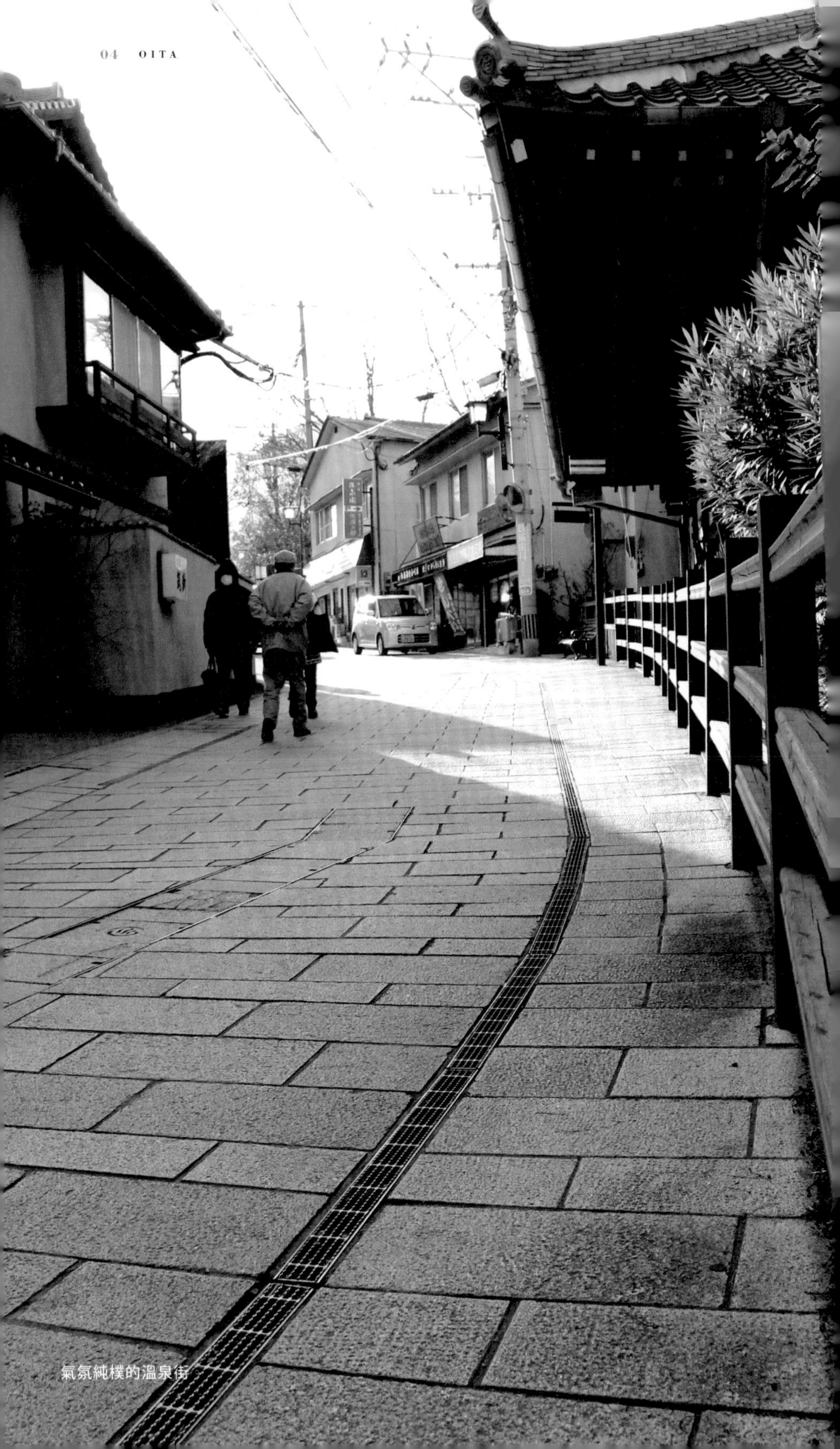

氣氛純樸的溫泉街

SPOT 16

富士屋 gallery 一也百

從驛站到文化空間

鐵輪小鎮上有一棟散發著優雅風味的日式木造樓房，名爲「富士屋 gallery 一也百」。這棟民宅原來是建於明治年間的旅館建築，是目前別府唯一僅存的明治年間建築，迄今已超過百年時光。

原本因爲過度老舊而面臨拆建危機，後來經過改建重生，煥然一新。從裡到外，精緻的木造建築技術和裝飾，此刻看來仍盈滿低調的氣派，故被選定爲國家級的有形文化財產。

「富士屋」褪下旅館的身份以後，轉變成爲當地的藝術展演空間。在過往旅人進出的空間中，如今這裡成爲文化藝術的驛站。內部除了有美術館外，還有音樂表演廳，一樓也開闢出雜貨屋，以各種形式傳遞出別府溫泉的文化底蘊。

（左上）目前別府唯一僅存的明治年間建築，富士屋。（左下）老建築裡的風雅燈具。（右上）富士屋的廊道充滿時光感。（右）一樓的生活雜貨屋。

富士屋 gallery 一也百

A 大分縣別府市鉄輪上1
T 11:00-18:00／每週二、三休
W www.fujiya-momo.jp

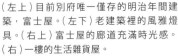

（左）男女湯的入口暖簾都貼上造型可愛的動漫人物。
（右）別府境內十三座市營溫泉之一，鐵輪蒸湯。

SPOT 17

別府市營溫泉——鐵輪蒸湯

結合動漫，嶄新泡湯文化

但若以爲別府溫泉只有老東西，那可就徹底錯了。別府市之前曾與日本的動畫製作大社「タツノコプロ」（Tatsunoko）合作，將別府境內十三座市營溫泉，以大家熟知的動漫人物作爲裝飾改裝，從入口等身大人形看版，到溫泉男女湯的入口暖簾、甚至在溫泉池畔的玻璃窗上、休憩區的牆壁等地方，都貼上造型可愛的動漫人物。特別配合泡溫泉而新畫的動作表情，活潑且生動。這些出現在溫泉老建築裡的動漫人物，本以爲會格格不入，但恰好相反，對比出了一種意想不到的新鮮感。

雖然這項活動，已在二〇一四年三月底結束，不過卻帶來很大的迴響。尤其動漫早已成爲日本站穩世界文化的重要切入點，這次的嘗試不僅讓日本人感到新鮮，對外國人來說更充滿趣味。

時光裡永遠有寶藏。擦亮了，就能吸引到新的一代繼續熱愛，珍重傳遞。

泡湯後的休息區。

別府市營溫泉（鐵輪蒸湯）

A 大分縣別府市鐵輪風呂1組
T 06:30-20:00／每個月的第4個星期四休（如當天為節假日則延遲至第二天）

SPOT 18

鐵輪地獄蒸工房

健康的地獄蒸料理

別府自古以來就是以「湯治」（長期投宿溫泉旅館的調養療癒）而聞名。投宿旅館的房客，會在旅館內附設的廚房，利用溫泉蒸氣來烹煮食物，稱爲「地獄蒸料理」。近年來因講究養生，東京人開始風行起吃「清蒸料理」來，其實，早在別府就一直存在這樣清淡且健康的飲食習慣。

把想清蒸的食材擺在大鍋子裡，放進一個特製的炕中，炕下引有溫泉水，讓將近百度的泉水冒出的蒸汽悶熱食物，無論是蔬菜或魚肉，在優質的溫泉蒸汽中熟透以後，因此都帶著獨一無二的風味。特別是溫泉裡豐厚的礦物質滲透食物之中，對身體也相當有益。

若不投宿旅館，也可在鐵輪鎮上的「地獄蒸工房」享用地獄蒸料理。先到食券機購買想吃的套餐（均有圖片可辨識），然後將票券交給櫃檯，領取廚房的定時器跟地獄蒸鍋的號碼牌。接著，拿著食材到戶外蒸

餐廳旁有蒸足設備，天氣冷時最能暖身。

©長谷川和芳

「地獄蒸料理」利用溫泉蒸氣來烹煮食物。
©小野美由紀

鍋處找到與自己號碼牌同樣編號的蒸炕，聽從工作人員指示，把食材放進炕裡，蒸個三十分鐘左右就完成了。

　等候的三十分鐘內，就可以到附近的街上逛逛囉。天氣冷的話，餐廳一旁的公園內還設有「足湯」與「蒸足」，讓溫泉從你的腳底開始暖起身子來。

鐵輪地獄蒸工房

A　大分縣別府市風呂本5組（溫泉坡道沿線）
T　09:00-21:00（蒸料理至20:00）
　　每月第三個週三休
W　www.city.beppu.oita.jp/02kankou/index.html

蒸料理的食材清淡健康。

SPOT 19

別府地獄溫泉

古溫泉八湯巡禮，激發想像力

別府溫泉以溫泉爲賣點，因特殊地形而匯聚豐盛的溫泉種類，造就了獨一無二的觀光勝地。來到別府，除了在溫泉旅館享受泡湯和美食外，進行「地獄巡禮」是不能漏掉的重要行程。

爲何要稱作「地獄」溫泉呢？原來從前的人對於溫泉的認識並不深，別府因地質形成各種顏色的溫泉和霧氣，處處是神秘難解的謎。在日本《豐後風土記》裡就曾記載，在許多當時的人眼中，別府鐵輪這一帶像是片忌諱的土地，增添許多想像而被冠以「地獄」之名。如今，延續地獄的名稱，吸引觀光客目睹大自然神奇的力量。

溫泉因爲內含物質的不同，再加上溫度和水質的影響，呈現出藍、紅、白色等各式各樣的溫泉顏色，非常奇妙的景觀。除了一般溫泉水質外，還有熱泥溫泉、間歇性噴泉等，令人驚歎地熱的大自然力量。

參觀地獄溫泉觀光區，偶爾會遇見當地

別府地獄

A 大分縣別府市鐵輪559-1
T 08:00-17:00

● 地獄八湯

「地獄巡禮」巡的是地獄八湯。八湯分別指的是海地獄、鬼石坊主地獄、山地獄、灶地獄、鬼山地獄、白池地獄、血之池地獄和龍捲地獄。

的導覽。嫻熟於接待觀光客的大叔，各種語言都能說上一段，幽默生動的解說和動作，成爲在地獄溫泉裡的人間趣味。

人類總對死後世界充滿想像。八湯巡禮假想著地獄景致，逛著逛著，我想著的是恐怖的地獄要是風景真的如此美麗，鬼怪們恐怕是過得挺樂活的吧？

離開前，經過販售地獄名產的「極樂饅頭」，忍不住買來嘗試。利用溫泉熱蒸熟的極樂饅頭，麵皮和紅豆餡綜合得恰到好處，有點「狀元糕」的口感，挺美味。說到底人間、天堂或地獄總有永恆不變的共通點——入口也好，祭拜也好，都有美食。

（上）利用溫泉熱蒸熟的極樂饅頭。（中）極樂饅頭裡包裹著紅豆餡。（下）地獄八湯之海地獄。（右）地獄八湯之海地獄。

A 大分縣宇佐市安心院町南畑2-1755-1
T 3月1日至10月31日 09:00-17:00
11月1日至2月28日 10:00-16:00
W www.africansafari.co.jp

FOLLOW ME!

OITA'S SPECIAL

九州自然動物公園

アフリカンサファリ

跟非洲野生動物面對面

同樣在大分縣，在距離稍微拉開別府一點兒的宇佐市，有一座「九州自然動物公園」（或稱非洲野生動物園）是來到別府溫泉時，特別適合有小孩的家族前往的觀光勝地。

搭乘裝置安全的專用車進入園區以後，等於就是進入非洲的野生草原。或兇猛或可愛的動物都會靠近車子，透過鐵窗與你親密接觸。遵循車長的指示，可適時打開車窗，用長夾拿肉餵食獅子、老虎、長頸鹿或斑馬等動物，保證是截然不同的動物園參觀體驗。

不過，在這座野生動物園之中，最吸引我的反而不是搭車遊草原。我最愛的是在園區內，有一處專門讓遊客跟剛出生一個月左右的小獅子合照的地方。

眞的是小獅子嗎？當工作人員從籠子裡抱出小獅子交到我的手上時，還不敢置信。一張無辜的臉，彷彿聽見牠上演著內心戲說著：「大家好，我是剛出生一個多月的小獅子，不是貓也不是豹噢！別看我現在軟綿綿，我很快就會長大，以後一定要當獅子王！」

哇！實在太可愛啦！摸起來完全像隻小貓嘛，好乖喲！雖然還小，但已藏不住一張帥氣的獅子臉。據說只要三個月以上，因爲開始會咬人，就不能這樣被人抱了。一輩子，只有此時此刻的擁抱，也算是我們之間剎那的永恆了。

● 貓咪館

小獅照相的隔壁，還有一棟貓咪館。這裡可是如假包換的小貓了。喜歡貓咪的遊客，一定會在這裡瘋狂的。所有的貓咪都不怕生，讓你照片拍到飽。

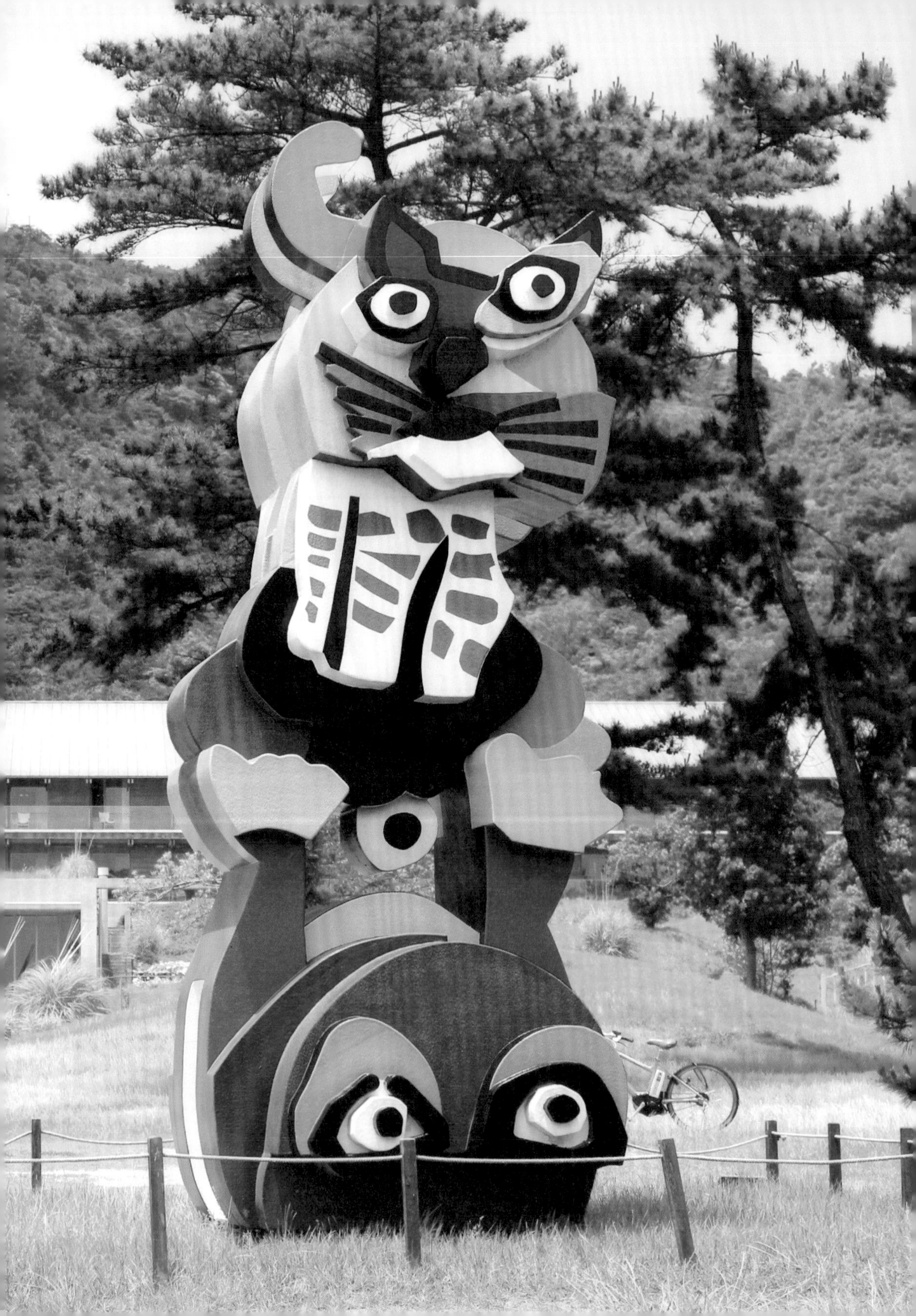

3

感覺自我
內在不足時
請來這裡

KAGAWA / EHIME

靠近神的吉光片羽—— 香川・直島、高松

直島南瓜／地中美術館／家計劃：南寺／直島錢湯I♥湯
烏龍麵／市味庄／THE LOCAL

文藝摩登的風情—— 愛媛・松山

道後溫泉本館／道後溫泉街／居酒屋ENYA & 海之幸鯛屋／MISHIMA
HIROYA／ehimesm／FLYING SCOTSMAN／內子／金治

ACCESS

●台灣 — 高松

桃園機場 --- 直飛 --- 高松機場 ▶ 約2小時15分

●當地移動：高松 — 直島

高松港 --- 四國汽船 --- 直島宮浦港 ▶ 約1小時

W www.shikokukisen.com

★ 因汽船班次少，一日來回者請留意汽船來回時刻。

●關西機場 — 高松

關西機場 --- 利木津巴士 --- 高松站 ▶ 約3.5小時

●當地移動：TVC直島租車服務宮浦店（TVC直島レンタルサービス）

A 香川縣香川郡直島町2249-6

T 七月至十月：09:00-19:00、十一月至六月：09:00-18:00 每週一及新年期間休

W www.tvc-service.com

KAGAWA
05

靠近神的吉光片羽

我們爲了朝聖心中某一個魂縈夢牽的嚮往，
所以開始一段旅程。
因爲有了想親眼目睹的冀望，所以定位出追求的目標；
因此期待，因此出發。
人生或者旅程，帶著追求與認證的欲望，
使我們對無常的未來，仍保有期待的理由。

香川・直島、高松

不就是為了南瓜嗎？來到直島的人，各有各自的理由。對我來說，安藤忠雄的建築縱使震撼，但真正的召喚，仍是草間彌生的南瓜，孤傲地佇立在寬闊的碧海藍天之間。像極了創作者草間彌生的性格。你要是崇拜我，當然不是要我走向你、迎合你，而是無論多麼遙遠，不管我站在哪裡，都有自信，吸引你過來追尋。

於是，就這樣千里迢迢飛來四國的香川縣，再從高松搭船到瀨戶內海的直島，接著又租賃單車，翻山越嶺才終於和南瓜相逢。

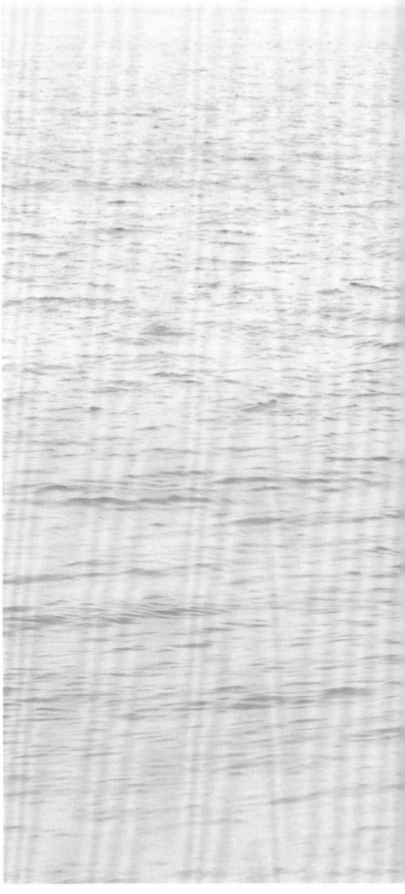

SPOT 1

直島南瓜

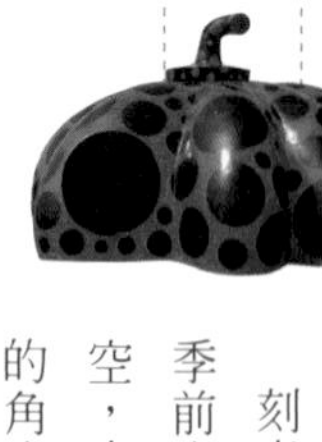

草間彌生的召喚

一早抵達直島，在宮浦港前挑了台電動單車（別爲難自己，島上坡多，請多花點錢租電動的），設定在傍晚五點歸還的時限前，展開了我的單車環島美術之旅。在控制得宜的時間內走訪了地中美術館、Benesse House Museum、草間彌生的南瓜、直島本村的「家計畫」等地，見證藝術、建築與自然融合的同台演出。

雖然島上也有提供方便的循環公車，但事實證明遊玩直島最棒的方式，就是租單車。因爲只有走出車廂，騎在單車上才能被享受被大自然包裹的存在感。湛藍的海洋，青蔥的綠野，一切都是那麼的天高地闊。單車從每一個坡度向下疾走，微風也仗著日光，以最棒的角度滑溜到肌膚上。除了耳邊的風聲及遠方的海浪聲之外，什麼雜音也沒有。喔不，我還聽見了從心底冒出來的聲音，向自己確認著：「沒錯，此時此刻，我眞的是在直島！」

刻意不選在人潮眾多的藝術祭和旅遊旺季前來，來到黃南瓜的所在地。溫柔的天空，寧靜的海，一身華麗的南瓜，從不同的角度觀看，襯著的背景和光影的挪移，都有迥異的表情。

就在這裡，也只能在這裡，是直島南瓜存在的意義。那可不是有錢再複製一顆，隨便放在另一個地方就能施展的魔力。瀨戸內海的日光、微風與海洋所聚攏的環境，都是拼湊成南瓜美景不可或缺的每一塊拼圖。

隻身的，或者成雙成對的旅人，縱使陌生卻相互主動詢問，幫忙彼此和南瓜合影。常有人說藝術是充滿距離，難以靠近的嗎？在草間彌生的南瓜面前，大家都相親相愛了。我們每一個人，都是等待分享一口南瓜的乖孩子。

爲了朝聖心中某一個魂縈夢牽的嚮往，所以開始一段旅程。因爲有了想親眼目睹的冀望，所以定位出追求的目標；因此期待，因此出發。人生或者旅程，帶著追求與認證的欲望，使我們對無常的未來，仍保有期待的理由。

在妹島和世與西澤立衛共同創辦的SANAA建築事務所設計的宮浦港建築「海之站」旁，碼頭公園內則有草間彌生在直島的另外一座南瓜作品，紅南瓜。如今，早已成爲了直島玄關的象徵。

碼頭的紅南瓜；翻山越嶺的黃南瓜。各據直島海岸線一方的兩顆南瓜，它們是否知道彼此不遠不近的存在？那是不會靠近也不會離開的相伴。又或者它們心底各自高傲著，誰也不願迎合誰。在那之前，只好讓我們繼續翻山越嶺，穿梭在兩者之間，像信息的使者，在我們的眼底，完成它們的相遇。

（右下）直島宮浦港。（左頁）黃南瓜在直島的艷陽照耀下，顯得朝氣蓬勃。

紅南瓜（赤かぼちゃ）

A 香川縣香川郡直島町直島町・宮浦港戶外

黃南瓜（黃かぼちゃ）

A Benesse House 杜鵑花莊（つつじ荘）
途中海岸線戶外
（若遇颱風，南瓜會收起來）

SPOT
2

地中美術館、家計劃：南寺

靠近神的吉光片羽

直島是一座藝術之島，有許多美術館以及戶外的藝術作品展出。在那其中，讓我留下最深刻印象的是出生於美國洛杉磯的詹姆斯．特瑞爾（James Turrell）在地中美術館裡製作「Open Sky」以及家計劃：南寺之中的「Backside of the Moon」這兩件現代藝術作品。

這兩件作品分散在直島的兩端，卻同樣安置在由建築家安藤忠雄操刀設計的建築中。「Open Sky」是一個正方形的純白空間，在四周設置了大理石的座椅，中間則挖出了一個正方形天井。參觀者走進這個空間，隨意坐在石椅上，可以窺見天空的剪影。我和幾個不相識的遊客零散地坐著，靜靜地抬頭仰望，共享一片被框住的白雲藍天。以爲很快就會膩了，每個人卻始終保持著仰望的姿勢。在有限的範疇裡，雲朵的游移彷彿顯得更加珍貴。不是別朵雲，就是這一朵。被挑選中了似的，替我安排了這一場天井上的雲朵遊行。

「Backside of the Moon」則是在一個寺院型空間裡所製作的作品。我因爲在參觀前，刻意不閱讀任何資料，所以完全不知道在那平地上偌大的空間裡到底展覽的是什麼？遵循著入館人數的限制，好不容易終於輪到我進場，才驚訝地知道裡面什麼也沒有，只是一片漆黑的空間。以爲期待在一座有如寺廟的空間中看見什麼嗎？什麼也見不著。只聽見導覽人員請我們摸著

（左）地中美術館入口處。（右）以寺院型空間為概念所建造而成的家計劃：南寺。（上圖）由知名建築家安藤忠雄所打造的地中美術館，外觀維持一貫俐落低調。

家計劃：南寺

A 香川縣香川郡直島町本村地區
T 10:00-16:30／每週一休
W www.benesse-artsite.jp/arthouse/

地中美術館

A 香川縣香川郡直島町3449-1
T 三月一日至九月三十日：10:00-17:00、
十月一日至二月份：10:00-16:00／每週一休
W www.benesse-artsite.jp/chichu/index.html

牆壁走，聽從指示後坐下。

距離，在這個空間裡被黑暗瓦解了；聲音，在這裡被打亂了，就連性別也消失。一切習以爲常的判斷，都被突然來的黑，徹底啃蝕。過了一會兒，前方才透出一點光源，緩緩地浮現出一片如同電影螢幕形狀般的微光。靠近以後，試著觸摸，才發現又不是平面的投影。在微光之後，還有一處不知盡頭的虛幻空間。

在安藤忠雄建築的加持下，特瑞爾設計出了顛覆常人感知的藝術作品。特瑞爾以現代藝術出名，但其實最早他是個知覺心理學家，還鑽研數學、地質和天文學。我覺得最有趣的是，他甚至還持有飛機駕駛執照。我想，那便足以解釋，爲何在他的作品中，感受到他如此著迷且擅長利用光源和空間。

當他駕駛著飛機，逆光中穿越過白雲的身體，我想，那一刻的時間肯定是暫停的。靠近神的吉光片羽，被贈與了一生的禮物。生命中難以解釋的絕美神奇，都包裹在拆也拆不盡的盒子裡，只好用一次又一次的創作去再現去傳遞，像傳誦一首眞愛的樂曲。

入夜後點了燈的直島錢湯，
顯現出另一種秘境氛圍。

SPOT 3

直島錢湯I♥湯

矗立於幻境的澡堂

直島的商家都打烊得早，連唯一的7-11便利商店也非二十四小時營業。趕著歇業前的最後一個客人，進了港前的一間名為「島食DOみやんだ」食堂，吃了以當令食材烹煮的燒魚鄉土料理，撫慰了一整天的疲勞。回到投宿的旅店，小歇片刻後，就準備進行此趟夜泊直島，最重要的一件事情——去泡湯！

直島的眾多據點中，會令我抱著朝聖之心而前往的目標，除了草間彌生的南瓜以外，就是這座「直島錢湯」了。屬於直島藝術作品之一的直島錢湯，全名是「直島錢湯I♥湯」（I LOVE YOU，湯的日文發音與YOU相近），由藝術家大竹伸朗操刀，在graf的創意協助中、INAX壁磚彩繪燒陶的專業指導下，將原本老舊的公共澡堂，改造成一座奇想詭譎的藝術澡堂。

所謂的藝術澡堂，並非是在錢湯內展示藝術作品，而是將整個建築從外到內，從

（上）洋溢島嶼風情的當地食堂島食DOみやんだ。（下）吃來清淡爽口又豐盛的燒魚鄉土料理。（右）直島錢湯有著以船身改造而成的奇妙外觀。

島食DO MIYANNDA（島食DOみやんだ）

A 香川縣直島町宮ノ浦
四國汽船宮浦港步行三分鐘

T 11:00-20:00（經常提前打烊）
每週一休

直島錢湯I♥湯

A 香川縣香川郡直島町2252-2

T 平日：14:00-20:30／週末及假日：10:00-20:30

W www.benesse-artsite.jp/naoshimasento/index.html

壁磚到浴池都當成「作品」來創作。你在泡湯，就是泡在一件作品裡。例如跨在浴場中央牆壁上的大象標本，如此不可思議的裝置藝術，以及各種極端的顏色拼貼，讓一座「錢湯」明明該是很日本的場域，卻在熱氣蒸騰的氤氳中，看見一片無國界，甚至分不清現實或夢境的風景。至於池水中裸著身子的彼此，交換的目光，也都是充滿玄機的作品。

大部份的旅人來到直島多會選擇當天來回高松或岡山，因此來泡湯都只能卡在白天。為了趕船班，傍晚就得匆匆離開，見不到錢湯入夜後的風貌，非常可惜。直島所有的景點，唯有直島錢湯的營業時間最晚，到晚上九點。留宿直島，把白天的時間都留給美術館，挑間美味的鄉土食堂享受晚餐，夜晚散步後，就寢前再去泡個湯，才能從容並完整體驗島嶼的風情。

步出浴場，已近打烊時分。直島錢湯在靜謐的夜裡，兀自閃爍著詭譎的霓虹色調，黑夜襯出幻境般的剪影，與白晝的和風混雜的南洋氣氛全然迥異。

整個島嶼已沉睡。只有風還醒著，挑弄著我肌膚上的餘溫，不肯離去。

SPOT 4

烏龍麵市場、味庄

高松市區烏龍麵巡禮

村上春樹對香川縣的烏龍麵讚不絕口。他曾寫過一篇香川縣的烏龍麵紀行散文，說香川縣人講起烏龍麵就像是聊起家族成員那樣，充滿情感，擁有許多的回憶。

自從香川縣爲了推廣觀光和讚岐烏龍麵，找來藝人要潤代言並打出「香川縣改名爲烏龍麵縣」的觀宣傳花招以後，烏龍麵跟香川縣可說是達到了完美的印象結合。如今，說到烏龍麵就不免想到香川縣，反之亦然。

（左）烏龍麵市場店舖外觀。（右）讚岐名產帶骨雞腿肉是當地近年吃烏龍麵時最佳佐餐小點。（下）烏龍麵市場料多實在的牛丼烏龍麵外加半熟蛋。

「烏龍麵市場」（うどん市場）的小店在當地人心中小有名氣。各種配料的烏龍麵任君選擇，這一天我決定來碗牛丼烏龍麵外加半熟蛋。住在東京並不知道，香川烏龍麵在當地的吃法，近來有了些變化。原來，除了烏龍麵以外，近年來的讚岐名產「帶骨雞腿肉」也是不可或缺之物。

在高松車站附近的一間叫做「味庄」的小店也令我印象深刻。店面裝潢從裡到外老實說有點破舊，上門的客人幾乎見不到外國觀光客。經營的是一對老夫婦，好像客人一多，就記不太牢大家點的東西。不過兩個人合作無間的出麵速度卻很俐落，也無損麵的可口。

手打麵條的彈性，在咀嚼的當下，有一股青春的飽滿感。老夫婦這一輩子的青春看來是永駐了。就停駐在每一碗烏龍麵裡，客人入口咀嚼的剎那。

烏龍麵市場兵庫町店（うどん市場）

A　香川縣高松市兵庫町2-8
T　平日10:00-22:00、週日及假日10:00-19:00
W　tabelog.com/kagawa/A3701/A370101/37000187/

由當季蔬菜油炸而成的天婦羅。

（上）味庄烏龍麵的手打麵條，紮實嚼勁相當令人回味。（右）有些樸素的店舖外觀，多年來深受當地住戶喜愛。

味庄

A 香川縣高松市西の丸町5-15（JR高松站前）
T 05:00-15:00／週六、假日休
W tabelog.com/kagawa/A3701/A370101/37000528/

讃岐の
角ハイボールが
お好きでしょ。
SUNTORY WHISKY
KAKU・HIGHBALL
スナック パパラギ
やき家
MUSH
コインランドリー
ONE WAY
無料案内所 ファイブスター
FIVE STAR
本格中華料理
聖龍
せい りゅう

SPOT 5

中央商店街、THE LOCAL

拱廊商店街的同路人

高松當然不僅只有烏龍麵。對我來說，高松的魅力，散落在聚集起許多小小店舖的拱廊商店街。

號稱全日本最長的拱廊商店街，有著相當新穎時髦的裝潢。

非關風雨和烈陽，無時不刻都能在拱廊商店街裡散步，是一座城市，默默給予居民的安心感。日本的每一座城市，都能找到像是這樣，加蓋了屋頂的拱廊商店街。拱廊商店街的長度愈長，能夠容納的店家愈多，當然面貌也就愈多元。如果沒有事先認清方位，穿梭在這些錯綜複雜的商店街裡，肯定迷路。但也正是因爲沒有目標的遊走，到了哪兒都好，才更有了異鄉走路的趣味。

夜漸漸深，拱廊商店街中的店家多數已打烊，唯有居酒屋等餐飲業仍在營業。酒足飯飽的當地人進出餐館，喧嘩笑聲飄散在料理和酒味的空氣中，我不覺得反感，卻感到一股生氣蓬勃的亢奮。這些地方是比風景區或美術館，更代表也更濃縮著庶民情緒的生活萬花筒。

● 高松的拱廊商店街

高松的拱廊商店街，總稱爲高松中央商店街，結合了兵庫町、片原町西部、片原町東部、獅子通、丸龜町、南新町、常磐町和田町共八條商店街，總計有二·七公里，號稱是全日本最長的拱廊商店街。

（左）和洋交融的多元風格，跨國服飾連鎖品牌也進駐於此。（右）中央商店街內一字排開的彩繪木凳。

（左）THE LOCAL以木製傢俱為基調的工業風格空間，在此用餐閱讀都是一大享受。（右）保留大半建築構造並加以改造內部的THE LOCAL店舖外觀。（下）踏上西式洋房的迴旋樓梯，迎面而來舒適寬敞的落地窗沙發區。

THE LOCAL（ローカル）

A　香川縣高松市片原町9-2

T　11:30-22:30、每週三營業至18:00

W　tabelog.com/kagawa/A3701/A370101/37001614/

商店街太長逛不完，白天又來。繼續亂走，重逢一間昨夜也經過的，名爲「THE LOCAL」的店。以各種形狀的木製窗櫺，組合而成的入口，是最先吸引我目光的原因。這間店一樓賣家具生活雜貨，二樓則是寬廣的餐飲空間。

我喜歡這裡。令人驚訝高松在烏龍麵店以外，原來也有不輸給東京水準的咖啡店。店裡恆常放了不少書籍、當季雜誌和演藝劇場傳單，我想，要是我住在高松，應該會常來。即使是一個人來也不孤單，因爲總有文字的陪伴。

回東京前，在這裡小歇，喝了杯咖啡，寫幾張要寄給朋友的明信片。寫出幾個句子，就不自覺地停下筆來。忍不住張望著店裡，相隔一段段的距離，在不同的角落裡窩著的客人。偶爾目光交會，彼此的臉上雖然沒有任何反應，卻能從眼神中感覺到交換的善意。

看不出誰是旅人，誰是當地人。在綿長的商店街裡，如此繁多的可能之中，我們卻做出了一致的選擇。看似偶然的相逢，其實都是生命中的同路人。

ACCESS

●大阪 — 愛媛

大阪伊丹機場 --------（國內班機）--------> 愛媛松山機場

▶ 約50分

●當地移動：機場 — 松山市區

愛媛松山機場 --------（機場客運）--------> JR松山車站

▶ 約15分

●當地移動：道後溫泉 — 松山市區

往返道後溫泉及松山市區，可搭乘少爺列車（坊っちゃん列車）。在市電的道後溫泉、大街道、松山市、JR松山站前、古町等地皆有設站。班距一小時一班次。

W www.iyotetsu.co.jp/bus/global/cn/

●當地移動：松山 — 今治

JR松山站 --------（特急列車／高松方向）--------> JR今治站

▶ 約35分

EHIME
06

文藝摩登的風情

源源不絕的泉水，像時間之流，
洗滌過百年中來往的旅人，
留下記憶，甚至文學作品，
一切飄飄然的虛無，便具象化了起來。
浸泡在道後溫泉中，有一股靜好的時光，
暖暖地擁抱住的安心感。

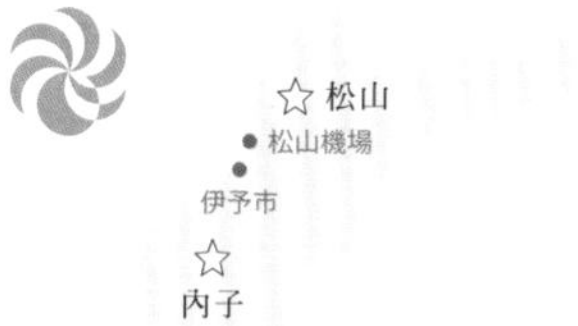

愛媛‧松山

日本隨處有溫泉，但永遠不會被任何一個溫泉鄉給動搖地位，且早已列進殿堂般的神聖之地卻只有一個，那就是道後溫泉。

位於四國愛媛縣松山市的道後溫泉，在日本書記裡早有記載其身影，迄今擁有三千年的歷史，是日本最古老的溫泉街。其中在明治年間一八九四年建築的「道後溫泉本館」是本地的地標。三層樓的木造建築，任憑周圍更迭了多少的現代建築，仍優雅地矗立著，散放出古色古香的氣氛。近年來更因網路流傳，作為吉卜力動畫《神隱少女》湯屋構圖發想之一而錦上添花。

TODAY'S ONSEN

SPOT 1

道後溫泉本館

撥開時光的暖簾，走進夏目漱石的風景

松山成就了夏目漱石寫出《少爺》這部名作，夏目漱石也造就了松山成爲文藝之都。搭乘「少爺列車」可從松山市區前往道後溫泉，重現了《少爺》裡寫到的故事背景，小說中的主角形容這像是「火柴盒一樣」的小火車，載著從東京來松山教書的他，駛入四國的生活。如今，文學列車以觀光路面電車的形式，讓明治年間的時光，在現代的路上繼續奔馳。

於我而言，若說伊勢神宮有著日本總氏神的龍頭地位，那麼道後溫泉本館就象徵著日本溫泉浴場的首領角色。不只是日本人，對於喜好日本文化的外地人來說，都是一生應該朝聖一次的地方。

我總是在道後溫泉這樣古老的溫泉池中，特別感受到光陰的存在感。畢竟「時間」眞的太抽象，但源源不絕的泉水，像時間之流，洗滌過百年中來往的旅人，留下記憶，甚至文學作品，一切飄飄然的虛無，便具象化了起來。浸泡在道後溫泉中，因此就有著一股被靜好的時光，暖暖地擁抱住的安心感。

溫泉池牆壁上幽默地寫著「請勿像少爺一樣在此游泳」。原來，小說《少爺》中曾寫到主角一個人在這十五疊榻榻米大小的溫泉池中，忍不住忘情游起泳來。某一天再去泡湯時，忽然發現入口多了一張「禁止游泳」的標示，甚至在教書的學校黑板上也詭異地出現這警告標語，才發現好像四處被監視似的，好氣又好笑。

（左）在此也能吃到作家夏目漱石在小說《少爺》裡描寫的少爺糰子。（中）紀念夏目漱石所設置的「少爺之屋」。（右）神之湯休憩區販售著印有道後溫泉圖樣的煎餅。

入夜的懷舊旅館

二樓「神之湯」附設的休憩區，除了品嘗抹茶之外，還能吃到作家夏目漱石的小說《少爺》裡寫到的「少爺糰子」甜點。溫泉之外，還可參觀三樓一間紀念夏目漱石的房間「少爺之屋」，可明白作家、作品與道後溫泉的聯結。另，本館中皇室專用溫泉浴池和休憩房間的「又新殿」也值得一看。

晝夜之間，道後溫泉本館存在著兩種表情。日光灑落在木造樓房上，每一片精緻的木雕都能徹底看清。入夜以後，瓦斯燈盞盞點亮，搖曳的昏黃燈光中，剪貼出一塊時間停止的懷舊情緒。最好的到訪時間，應該是午後五點以前。在館內泡完湯後小憩片刻，離開時恰好能見到入夜後的建築風景。

（上）道後溫泉本館建築外觀，入夜後又是另一種復古風情。（下）靈之湯休憩區設有開放式的窗檯與榻榻米，泡湯之餘還能在此靜坐沈澱。

道後溫泉本館

A 愛媛縣松山市道後湯之町5-6
從道後溫泉站走路10分

T 06:00-23:00

W www.dogo.or.jp

（左）草間彌生獨家設計的貼身衣物曾在寶莊旅館獨家販售。（右）寶莊旅館大廳在期間內特別設置的水玉咖啡館一隅。（下）寶莊旅館曾邀請向來以圓點圖樣見稱的前衛藝術家草間彌生操刀設計。

道後溫泉藝術祭

拜訪道後溫泉本館之際，恰逢本館建築迎接一百二十週年「大還曆」的時節。爲此舉辦了「二〇一四道後溫泉藝術祭」，將溫泉地的許多角落和旅館，注入藝術家的改造新意。例如本館外定時噴放的煙霧，讓建築沉浸在如夢如幻的景致中，便是藝術家中谷芙二子所發想的作品，名爲「霧的雕刻」。

「二〇一四道後溫泉藝術祭」中另外一個心神嚮往的是在「寶莊旅館」裡，邀請前衛藝術家草間彌生以其作品設計了一個房間，同時還在飯店大廳設置了「水玉咖啡館」。咖啡館內有一台水玉販賣機，販售草間彌生設計的內衣褲作品。至於在「二〇一五道後溫泉藝術祭」中，則是邀請了攝影家蜷川實花重新包裝道後溫泉本館，相關的活動自二〇一五年五月至二〇一六年二月二十九日爲止。

百年溫泉小鎮，如今跟後現代的日本藝術完美結合，時代的延續與創新，有如源源不絕的泉水將一直滾燙地湧下去。

（上）往返於道後溫泉及松山市區的路面電車，至今仍保有復古風貌。（下）搭乘少爺列車，重現夏目漱石的文學場景。 ©小野美由紀

（上）道後町屋手工製的抹茶蛋糕卷。（下）松山名物雜魚漢堡更是前來道後町屋不可錯過的在地美食。（左）開放式的透明窗景，映入眼前的是一片青綠的日式庭園景緻。

SPOT 2

道後溫泉街

特色鄉土小食推薦

溫泉鄉總有令人流連忘返的溫泉街。街上的道地小食、當地美味和土產，不容錯過。從能享受到瀨戶內海與愛媛縣海鮮的壽司店，到愛媛縣蜜柑名產、受天皇青睞的和菓子，以及特色茶館、咖啡館，一個下午的散步，邊走邊看又邊吃，盡享道後溫泉獨有的趣味。

推薦1 道後町屋

由大正時代的町屋改建而成的咖啡館。類似京都長屋的狹長建築，以爲空間很小，走到最後被寬闊的空間和庭園造景嚇一跳。對於喜歡日本傳統建築的旅人，這裡肯定爲成爲心頭好。松山名物「雜魚漢堡」（じゃこ天バーガー）值得一嘗。另，抹茶蛋糕卷也十分夠味。

推薦2 壽司丸

在道後溫泉本館的旁邊，在這裡享用清爽的午餐，品味瀨戶內海的海鮮、壽司與天婦羅。本店是當地人推薦的美食之一。「松山鮓」算是一種散壽司，醋飯偏甜的松山鄉土料理。

（上）散壽司松山鮓，醋飯口感偏甜不膩。（下）用瀨戶內海新鮮魚貨特製而成的壽司套餐。

道後町屋（道後の町屋）

A 愛媛縣松山市道後湯之町14-26
T 11:00-20:00
每週二、每月第三個週三休
W www.dogonomachiya.com/

壽司丸道後店（すし丸 道後店）

A 愛媛縣松山市道後湯之町20-12 1F
T 平日：07:00-14:00、17:00-22:30、週末及假日：07:00-22:30

（上）Nagai Coffee特調自家製的手工咖啡。（下）店內空間維持一貫日式基調並巧妙融入西洋家飾。（左）Nagai Coffee室內展示自家製的咖啡豆，也有店主蒐藏的狗狗擺飾。

Nagai Coffee

A 愛媛縣松山市道後湯之町11-19
T 10:00-23:00／不定休
W tabelog.com/ehime/A3801/A380101/38006345/

店內使用的日式竹簾讓人彷彿置身舊日時光。

推薦3 Nagai Coffee

因為忽逢大雨，躲進了這間咖啡館避雨。只有十幾個位子的小咖啡館，經營者是喜歡玩衝浪又熱愛黑膠唱片，且擁有十五年自家烘焙咖啡經驗的店主。有賣自家製的咖啡豆。建築也是從老屋改建而成。

（左）包覆濃郁紅豆餡的鬆糕配上抹茶，就是最佳下午茶組合。（右）六時屋店內一隅至今仍主打著昭和天皇與皇后御用甜點的字樣。

推薦4 六時屋

曾受昭和天皇、皇后青睞而聞名的當地甜點。以柔軟的鬆糕捲起濃厚的紅豆餡，搭配抹茶，是下午茶良伴。老實說，好吃是好吃，但也不到令人難忘的地步（笑）想到我們現在隨便都有好多美味甜點可吃，可比天皇還幸福吧。

推薦5 愛媛蜜柑

愛媛縣以盛產蜜柑聞名，因此可以吃到許多以蜜柑製成的飲料和甜品。蜜柑果凍不容錯過！有各種口味可選擇。我最愛的是現打蜜柑果汁！

六時屋（六時屋タルト）

A 愛媛縣松山市道後湯之町14-22
T 09:00-21:00／每週三休

愛媛果實俱樂部「柑橘之木」少爺廣場店（みかんの木）

A 愛媛縣松山市道後湯之町20-14
T 08:30-22:00

現打蜜柑果汁爽口香甜

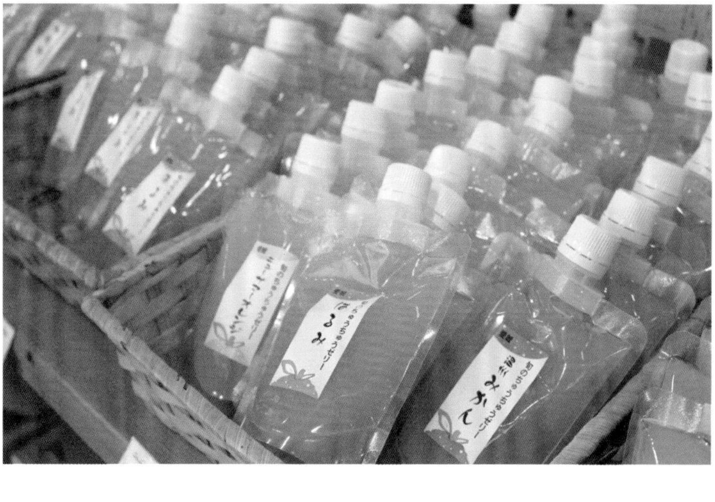

（上）柑橘之木店舖外觀，招牌上的柑橘樹是一大亮點。（右）愛媛蜜柑所製成的原汁飲料。

SPOT 3

居酒屋ENYA & 海之幸鯛屋

愛媛鄉土美食，宇和島鯛魚飯VS釜炊鯛魚飯

松山市區，一幢日式平房的庭園用餐環境，豪華空間的居酒屋ENYA（KAMADO DININGえん家）價格卻很親民。在這裡吃了「鯛魚飯」（鯛めし）。鯛魚飯分成生食和熟食兩種，首先在這裡嘗試的是生魚片蓋飯「宇和島鯛魚飯」的形式。鯛魚來自愛媛縣內的宇和島，肉質新鮮甜美。宇和島傳統的吃法，鯛魚生魚片搭配生蛋、白飯，再淋上特製醬汁。

鯛魚飯的另一款熟食吃法，是將整尾的鯛魚放進土鍋，連同美味的白米一起炊煮的「釜炊鯛魚飯」。推薦的是這間名爲「海之幸　鯛屋」（海の幸　鯛や）的和食餐廳。熟食的鯛魚飯的鯛魚經過悶煮，呈現出帶著閃亮且清澈的黃銅色澤，加上白飯香味的烘托，讓鮮魚的口感，純粹呈現。而土鍋裡的白飯也摻雜著魚香，不搭配任何菜色就感到可口。

或許也可來道土雞和天婦羅佐餐。在愛媛縣吃著鄉土食材和瀨戶內的海產，一夜松山，從舌尖勾起的卻是足以迴盪好幾天的豐盛回憶。

（上）ENYA店內供應瀨戶內海產地直送的新鮮生魚片。（下）ENYA店內一隅，全店以簡約裝潢為基調。

ENYA（KAMADO DININGえん家）

A　愛媛縣松山市二番町1-11-8
T　17:00-00:30
十二月三十一日至
一月一日、十月、一月第三個週四休

海之幸 鯛屋（海の幸 鯛や）

A　愛媛縣松山市二番町2-7-5
T　17:00-23:00
W　taiya.her.jp/pc/index.html

淋上特調醬汁的宇和島鯛魚飯

（上）將整尾鯛魚放進土鍋連同白米炊煮成飯的釜炊鯛魚飯。（下）海之幸鯛屋以磚紅牆面與木製家具妝點用餐空間。

（左）MISHIMA店鋪外觀，各種甜點冰品一字排開任君挑選。（中）以當季盛產水果為基底所製成的甜點冰品。（右）結合藝術展場與咖啡館的藝文空間HIROYA。（下）松山市的有蓋商店街「大道街」。

SPOT
4

MISHIMA — HIROYA — ehimesm — FLYING SCOTSMAN

城市街角的發現之旅

要是在週末的東京，大約要過了午後，睡醒的城市人才開始逐漸在街上聚集，但松山市的有蓋商店街「大街道」在週六早晨，就緩緩地聚集起人潮。

商店街裡有一間名爲「MISHIMA」（フルーツパーラーみしま）的水果甜點屋，整間店的氣氛說穿了挺像台灣的冰果室，是當地知名的甜點店家。店裡有各式各樣新鮮

造訪HIROYA當天正在展出當地年輕插畫家佐佐木勇太的作品。

MISHIMA（フルーツパーラーみしま）
A 愛媛縣松山市大街道2-5-5
T 10:00-19:30、週三11:00-18:00 W f-mishima.com

HIROYA（ヒロや）
A 愛媛縣松山市大街道2-3-9
T 11:00-19:00／週三休 W hiroya.themestore.jp/site5

現打的果汁，也有以各類水果爲基底製成的甜點冰品。

看菜單時只是知道大致用了哪些水果，當老闆端上實物的時候，眞是嚇了一大跳。天啊！原來這麼一大杯！聖代般的造型，杯子下端是鮮榨果汁，上端則是以冰淇淋和鮮豔水果堆疊出來的小山。光是視覺享受，就實在太豪華，吃起來當然也是相當滿足。

同一條街上，有一間小小的art space很吸引我的注目。這間「HIROYA」（ヒロや）是結合了藝術展場和咖啡館的藝文空間，一樓販售工藝品，並定期展出年輕藝術家或設計師的作品；二樓則是咖啡館，用的茶具和食器全來自於愛媛藝術家設計的作品，食材也是產自當地。

拜訪的這天早晨，一樓在展出當地年輕插畫家佐佐木勇太（yutasasaki.com）的作品。畫風正是我喜歡的類型，馬上買下幾張明信片，搜尋網路，進一步了解作家的背景。如此偶然，在四國松山的散步途中，某間小店裡認識一個新的插畫家，是一種奇妙的緣分。在預定的行程中，總有不預期的小小收獲，這就是旅行的意義。

充滿現代風格的愛媛主義是旅行途中購買伴手禮的好去處。

愛媛主義店內販售各式限定款毛巾與伴手禮。

「大街道」商店街對面，是通往松山城的道路。沿途除了不少土產店外，還有一些生活雜貨屋。其中愛媛主義（ehimesm）是最爲推薦的一間。店裡能買到不少限定版的今治毛巾，此外，還有愛媛縣的各種精緻伴手禮。以「傳承愛媛好物」爲精神的選物店，這裡蒐集了許多身在愛媛縣的手工職人所設計的作品，嚴選愛媛縣境內的食物和甜點。

松山有一間人氣咖啡館名爲「FLYING SCOTSMAN」，以厚實的鬆餅而在當地聞名，當然咖啡也醇厚美味。遠道而來，特地來朝聖，果然鬆餅是不負期望的美味。切開鬆餅，空氣中散發著淡淡的楓糖

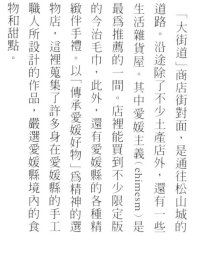

（上）充滿西式摩登風格的店舖室內一隅。（右）展示各種甜點的店舖外觀，其中又以厚實鬆餅最具人氣。（左）回程不妨在松山車站買個星鰻鐵路便當上車享用，為旅程劃下美好句點。

奶油味，彷彿整個世界在這一刻都蓬鬆柔軟了起來。

離開松山市時，別忘記在松山車站買個星鰻鐵路便當上車享用。在地美味料理一邊入口，電車也一邊緩緩啓動。以愛媛松山爲起點的四國之旅，走進夏目漱石筆下的文藝風景，撥開時光的暖簾以後，相遇的不再是字裡行間的旁觀敘述。從今而後，是自己寫下的愛媛回憶。

FLYING SCOTSMAN 大街道店

A 愛媛縣松山市大街道2-5-9
T 08:30-23:00／元旦休
W www.f-scotsman.com

愛媛主義（ehimesm エヒメイズム）

A 愛媛縣松山市大街道3-2-45
T 09:00-19:00

以厚實鬆餅風靡當地的 FLYING SCOTSMAN

自江戶時代到明治年間曾以和紙與木蠟聞名一時的內子老街。

SPOT 5

內子老街 八日市護國街道

和紙與蠟燭的職人下町

很多人來到愛媛縣的松山市旅遊，並不知道有一個叫做「內子」的地方。搭乘特急電車從松山站出發，大約半小時就能抵達的一個小鎮。小鎮的名氣雖然不大，卻在四國的文化創意的版圖上占有重要地位。

內子原來是以和紙與手工蠟燭（木蠟）製造而聞名的地方。從江戶時代到明治年間，這裡因爲這兩項工藝而繁榮一時。如今，內子不止仍殘存了當年的技術，也保留下來古色古香的老街建築。

沒有刻意經過商業觀光包裝的內子老街「八日市護國街道」長度約六百多公尺，家家戶戶之間流淌著眞實的生活感。對喜歡日本老街、傳統雜貨與職人手藝的旅人來說，散步在這裡必然是一種放鬆身心的享受。店家不多，街區也不大，但漫步其中，卻更能體驗到四國的文化和愛媛的藝

（左上）大森和蠟燭屋店舗至今仍維持著樸實的日式風格。（右上）自江戶時代創業至今逾兩百年的老鋪大森和蠟燭屋。（右下）店內可見職人正以純熟技巧滾動手中的木蠟。（中）使用內子食材特製而成的蛋糕，佐水果與冰淇淋、加了紅豆與湯圓的餡蜜。（左下）洋溢大正時代復古風情的COCORO咖啡館一隅。

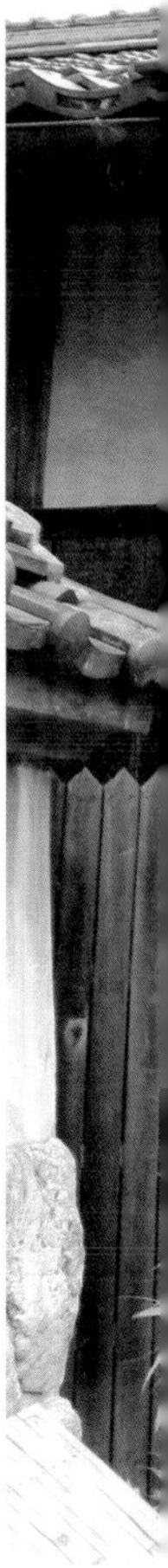

大森和蠟燭屋
A 愛媛縣喜多郡內子町內子2214
T 09:00-17:00／每週二、五休
W o-warousoku.com

COCORO
A 愛媛縣喜多郡內子町本町4丁目
T 10:00-17:00／每週三休
W uchi-cocoro.com/access.html

術，自然而然融進當地的生活之中。

此地最爲出名的「大森和蠟燭屋」從江戶時代創業開始，迄今已超過兩百年，如今是六代目經營。傳統木蠟的手工製造方式，在店裡得以窺見。日本人如何堅守與傳承職人的技法和精神，是在蠟燭之外不由得深思的課題。架置蠟燭的鐵製燭台也是人氣商品。

散步途中，走進小鎮上的「COCORO」咖啡館休息。這棟建築誕生於大正年間，也是超過百年的老屋。經過改造後成爲咖啡館，在此能夠享用到使用內子食材製造而成的各式甜點。無論是洋式戚風蛋糕，或和式甜品，添加進內子產的甜美水果，是本店特色。特別推薦餡蜜（紅豆加湯圓）一嘗。此外，這裡也附設guesthouse「町家別莊cocoro」，可享受住在傳統木造町家的感覺。

如何前往內子老街

自JR松山站搭乘「特急電車」至JR內子站，車程約二十五分鐘。自JR內子站前往八日市護國街道，平日建議搭計程車比較方便。若逢週末假日，站前開放周遊巴士。

（上）商品部販售各種尺寸，品質精良的今治毛巾。（下）EXPORT今治內部設有今治毛巾歷史資料室，展示紡織毛巾的機器和史料。

SPOT 6

今治

日製毛巾第一產地

以品質優良的日本製毛巾而聞名的今治，位於松山北邊，靠近瀨戶內海。毛巾上繡上紅白藍識別標識，由設計師佐藤可士和操刀設計，並將今治毛巾品牌整合化。只要認明這個紅白藍標識，看見寫著日本製和「imabari towel」字樣，就是在日本國內享有盛名的今治毛巾。

選用特級超長棉，擁有絕佳吸水性和柔軟度的今治毛巾。

這裡是今治毛巾的原鄉，來到這裡，可以在幾個當地專賣店，如「EXPORT今治」（テクスポート今治）將各式種類一網打盡。除了全國的人氣商品外，也有愛媛今治的限定產品。店裡有一區「今治毛巾歷史資料室」，展示著紡織毛巾的機器和歷史資料。若想更深一層了解今治毛巾的往昔，也可以到「毛巾美術館ICHIHIRO」參觀。

觸摸著店裡各式各樣布料和織法的毛巾時，才發現原來每一款毛巾的手感都擁有十分細微的不同。找一款適合洗臉時自己肌膚的毛巾，那當下，彷彿也在進行一種美好生活想像的挑選。

今治毛巾的小秘密

今治毛巾之所以觸感極佳，其中一個重要的原因來自於當地的「水」資源。在製作毛巾的過程中，使用了當地高繩山系流出的蒼社川水及靈峰石鎚山的地下水，清澈優質的軟水保持了纖維的柔軟度，同時也有助於無害的染色。

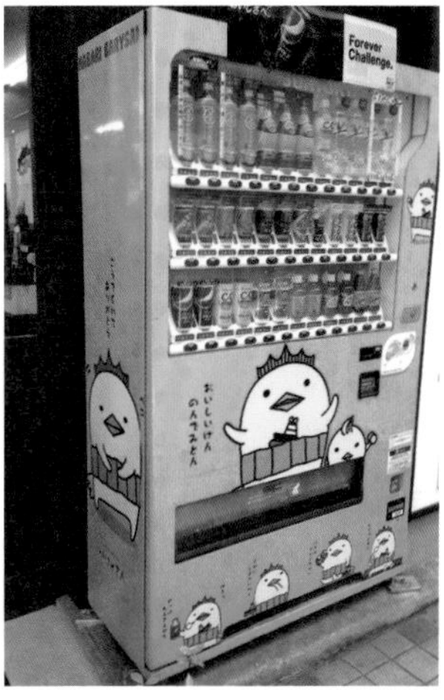

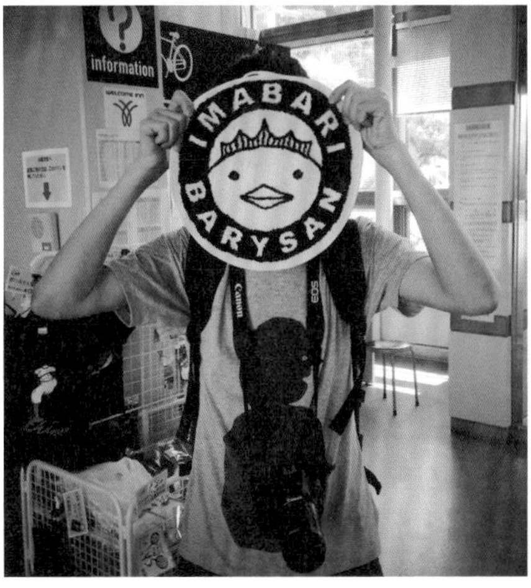

（左）可愛的今治觀光大使Barysan也出現在今治毛巾上頭。（右）今治吉祥物Barysan 造型的販賣機。

EXPORT今治（テクスポート今治）

A 愛媛縣今治市東門町5-14-3
T 09:00-18:00
W www.imabari-texport.com

（上）騎上自行車，準備在今治街頭展開一場城市觀光。（下）提供自行車租借的SUNRISE系山店舖一隅。（左頁）單車迷絕對不能錯過的瀨戶內海島波海道，從愛媛縣今治市橫跨對岸廣島縣尾道市，是日本第一條跨越海峽的自行車道。

此外，對於熱愛租乘自行車橫跨「瀨戶內海島波海道」的單車迷來說，今治是整趟跨島路線的重要起點。「瀨戶內海島波海道」從今治市到對岸的廣島尾道市，全長約七十公里，是日本第一條跨越海峽的自行車道。

島波海道的入口處「SUNRISE系山」是一處提供四百輛自行車的旅遊服務站，除了可以租車外，也有餐廳跟土產店，甚至還能住宿。如果沒有時間跨島，可以在此租車，先騎到展望台眺望瀨戶內海和跨海大橋，然後沿著靠海的車道繞一繞，之後便能從今治街道上專門爲自行車開闢的車道，一路穿越田舍風景，回到今治車站。在「SUNRISE系山」租的自行車不必歸還原處，到今治車站前也有還車的點，十分方便。

回到今治車站前，若想果腹，可嚐嚐當地的名產之一，今治燒豚玉子飯。燒豚是烤豬肉，玉子是雞蛋。主要食材是以烤豬肉片，鋪上兩粒半熟煎蛋，盛在白飯上，最後撒上海苔、青蔥，並淋上醬汁而成。

這道鄉土料理是今治人的特色吃法，據稱當初是從當地的中國餐廳內，爲了滿足

高中男生的食量而流傳而出。

一餐吃兩粒蛋，吞下一大碗飯和分量挺多的烤豬肉片，或許是沈重了點。不知是吃太飽了，還是豔陽下騎車騎得太累，吃完後竟襲來睡意。對於距離高校生活已遠的我來說，青春畫面，確實也已昏昏沉沉。

SUNRISE系山
（サンライズ糸山）

A 愛媛縣今治市砂場町 2-8-1
T 租車服務：
四月至九月 08:00-20:00、
十月至三月 08:00-17:00
W www.sunrise-itoyama.jp

以烤豬肉片鋪上兩粒半熟煎蛋，
盛在白飯上，最後撒上海苔、青蔥，
並淋上醬汁所製成的今治燒豚玉子飯。

4

COURSE 4

尋求一種 天高地闊的關係時 請來這裡

GIFU / KUMAMOTO /OKINAWA

群山裡的魔幻風景—— 岐阜・飛驒高山、白川鄉

飛驒金山／下呂溫泉／飛驒高山／郡上八幡、美濃／白川鄉合掌村

秘境的王國—— 熊本・天草

天草寶島線遊船／特急A列車／崎津小鎮／珊瑚礁 自家製咖哩屋
WHERE ELSE／石山離宮「五足之靴」／下田溫泉伊賀屋

情深意重的海角天涯—— 沖繩・本島

萬座毛／雲雀屋／Pipachi Kitchen

ACCESS

●東京 — 名古屋 — 飛驒金山

東京站 --新幹線-- 名古屋站 --JR高山本線-- 飛驒金山 ▶ 約175分

●大阪 — 名古屋 — 飛驒金山

新大阪站 --新幹線-- 名古屋站 --JR高山本線-- 飛驒金山 ▶ 約130分

●當地移動

①飛驒金山 — 下呂溫泉
自飛驒金山搭乘「JR高山本線」至下呂溫泉，車程約24分。

②下呂溫泉 — 飛驒高山
自下呂溫泉搭乘「JR高山本線」至飛驒高山，車程約1小時。

③岐阜／高山 — 美濃太田 — 美濃市
自岐阜站或高山站搭乘「JR高山本線」至美濃太田站轉乘「長良川鐵道」至美濃市，車程約30分。

④高山 — 白川鄉合掌村
自高山站前站搭乘「往白川鄉、金澤方向的巴士」至白川鄉合掌村，車程約1小時。

GIFU

07

群山裡的魔幻風景

白川鄉合掌村聚落的屋脊，
絮語著遞嬗的時光。
睡在夢幻的聚落裡，這一夜，已不需要孵夢。

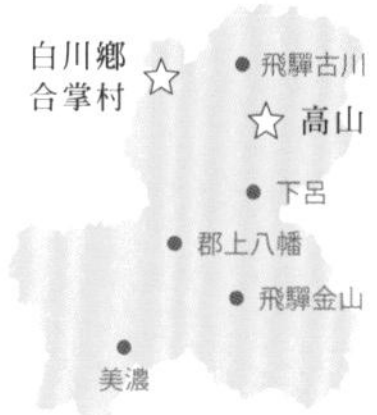

岐阜
飛驒高山、白川鄉合掌村

岐阜縣，從飛驒高山到下呂溫泉，美濃到郡上八幡，以及被人譽為一輩子日本旅行，一定要到訪白川鄉合掌村，一座座盈滿悠悠古情的聚落，交織而出的老街，匯聚了代代相傳的自然與人文之美。

「離開這裡，就再也見不到」的獨一無二，豐厚且可貴的日本風情，是前人留給歷史的寶藏。如今這些寶藏仍完好的被守護著，只等待你的領略，在岐阜。

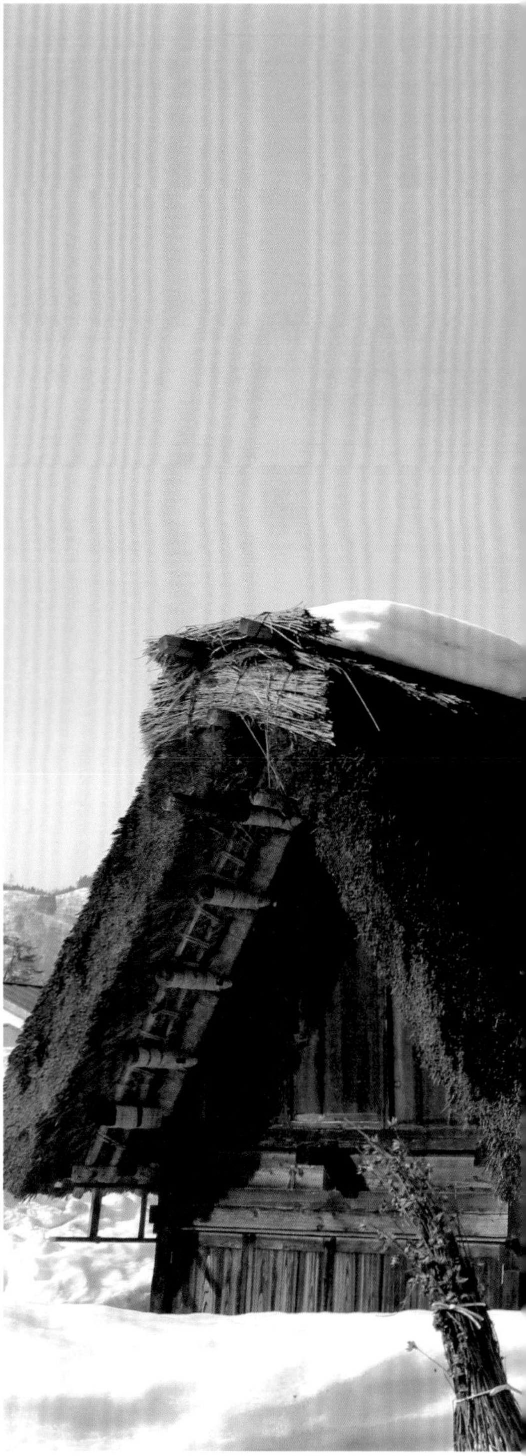

GIFU

ひだかなやま

《飛驒金山》

羊腸小徑裡的庶民生活

SPOT 1

筋骨地區

飛驒街道金山宿，寧靜的鄉間散步

飛驒金山？一般翻導遊書，或參加旅行團行程，多半常會聽到的是飛驒高山，至於對飛驒金山則很陌生。事實上岐阜縣的飛驒街道，除了較爲知名的高山老街以外，位於下呂市金山町的飛驒街道，也很值得前去探訪。因爲相較於高山老街的商業化，金山老街更多了一層庶民的生活感。

飛驒街道金山宿，在地人對其有一個可愛的暱稱，稱爲「筋骨」地區。從JR飛驒金山站徒步約五百公尺，經過橋本町商店街，不久即可抵達。

筋骨如其名，意即這一帶有如羊腸小徑的細窄街衢，像是體內錯綜複雜的筋骨。櫛比鱗次的宅戶，環繞著溪水與石坡，彼此緊鄰而居。無法完整切割的活動範圍，讓彼此的生活成爲一個共同體。

位於下呂市金山町的飛驒街道，洋溢著庶民生活的日常感。

過去從站前到筋骨地區這一帶，在昭和初年，仍扮演著船運交通要塞的年代，據說繁華的程度曾被當時的人譽爲「小上海」。我隨著在地人的引導，穿梭過各條狹長的街道，老實說很難想像眼前的場景，竟曾有如此燦爛的年華。在地的志工賣力地揮動著手，替我指認景點。這裡曾是澡堂；那裡曾是洗衣場；樓下若有酒酣耳熱的食堂；樓上便藏有不可言說的交歡。

隨著人口外移和高齡化，如今留下了許多空著的老建築。少數地方因爲極具歷史意義，被維護成爲參觀景點。其中，令我印象最深刻的是一座錢湯（澡堂）。這座日式木造老屋的錢湯，如今已無營業，但開放自由參觀。入口收票處的櫃檯亦仍放著算盤，轉身瞥見昔日的告示和廣告，仍如好張貼在室內牆上。木製置物櫃積了一層薄灰，我觸摸著粗糙的光陰之膚，往左探看，那便是澡堂了。

沒有熱湯氤氳的澡堂，在日光的沐浴下顯得清亮。當時的水聲，當時的霧氣，當

被當地人暱稱「筋骨地區」的飛驒金山，至今仍保有許多傳統店舖。

由當地志工帶領的導覽行程，更能深度瞭解筋骨地區的在地故事。

木櫃上的灰塵，見證了錢湯昔日生意興隆的榮景。（下左）錢湯裡的瓷磚，呈現出和式與西式的巧妙混搭。（下右）入口收票處櫃檯。

年的人，早已蒸發。是否，他們最終都安好的回到了該去的歸屬之地？

離開澡堂，繼續穿梭筋骨小巷。在地人陪著我，勾勒著當時可能的故事，簡直像一個說書人。我聽著聽著，入戲了，竟有一刻也感覺到腳步雜沓和把酒言歡的喧囂。然而，下一個轉角，往昔的繁華，又落盡成斑駁與寂寥。

散步筋骨，踏遍今古。日本的鄉間風情，靜謐的每一步，都是情緒的歸零。

餅幸所販售的各式口味大福，都讓人忍不住胃口大開。

餅幸，嚐一口丹波黑豆大福

雖然有不少空房和傾圮的老建築，因此感覺到一絲寂寥，但大體而言，如今仍有不少居民是住在此地的。沒有過度現代化的飛驒街道金山宿，他們實實在在的保留了傳統的生活樣貌。住家之外，飛驒街道上有不少家傳經營的老舖，其中又以飲食居多。那些東西不僅是散步的裏腹常備品，咀嚼中也充滿了老職人的懷舊之味。

餅幸，是當地最知名的和菓子老店。丹波黑豆大福是招牌商品。每逢季節更迭亦有當令限定甜點。例如櫻花季節的丸子和櫻餅。所有和菓子都不含保存料，只限當日新鮮品味。

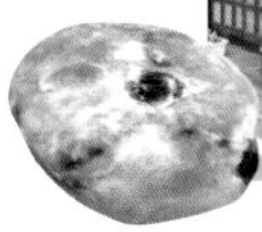

招牌人氣商品
丹波黑豆大福

餅幸（もちこう）

A　岐阜縣下呂市金山町金山1935

T　營業時間不固定
每週二休

名取天婦羅店，懷念滋味

專賣炸物的小店，會令中年日本人一吃就大呼「好懷念的滋味啊」的昭和風味天婦羅老店。除了天婦羅以外，還有賣車輪餅和甜甜圈。笑容滿面的老闆令人印象深刻，雖然年邁，但據說仍擄獲不少女性客層！

名取天婦羅店（名取なとり天ぷら店）

A　岐阜縣下呂市金山町金山2229

T　10:30-18:00／不定休

（左）剛起鍋的手工豆腐看來格外金黃酥脆。（右）只見機器不停揉製，歷經多道工具方能完成手工豆腐。（下）比起石田豆腐本身，老闆三田先生的豪邁粗眉還更搶眼呢！

㊟ 石田豆腐

A　岐阜縣下呂市金山町金山2049
T　不定休

石田豆腐

老實說比豆腐更爲搶眼的是老闆三田先生的豪邁粗眉！不過可別因此忽略了手工豆腐的純樸滋味。店家就是工廠，不僅受到當地人愛戴，經常都有外縣市遠道而來的人開車前來購買。

Drive Inn 飛山

國道旁的休憩站「Drive Inn飛山」裡的餐廳，可以吃到當地知名的鄉土料理。推薦必點的是「筋骨定食」套餐。主食是白飯搭配現燒的草菇與土雞，還附上一碗熱騰騰的烏龍麵。土雞滑嫩鮮美，搭配風味絕佳的醬汁，十分開胃。

（右）來到Drive Inn飛山必點筋骨定食套餐，品味最道地的岐阜鄉土料理。（下）季節蔬果搭配現燒的草菇與土雞，口感滑嫩十分開胃。

㊟ Drive Inn 飛山（ドライブイン 飛山）

A　岐阜縣下呂市金山町金山1888
T　08:30-19:00

SPOT 2

奥飛驒酒造

熱愛台灣的釀酒商

喜歡日本酒的人必定聽過「奥飛驒」這款酒。奥飛驒的故鄉就在飛驒金山。奥飛驒酒造的前名是「高木酒造」，創業於一七二〇年，即將屆滿三百年。位於飛驒街道本町商店街的總店，是一棟充滿歷史感的木造樓房。

店鋪的櫥櫃除了酒以外，還收藏了許多與該店相關的古董史料。畢竟是一間創業快將三個世紀的老店呀，光是把店裡的記錄文件拿出來都是傲人的文化。像是歷經江戶、明治、大正、昭和初期的「大福帳」就是當年酒品銷售的記錄。龍飛鳳舞的毛筆字到底寫了什麼實在看不出來，但知道這些東西能被如此完整的保留下來，便覺得一間造酒老舖，代代相傳的堅持，已不只滿足酒客的口慾而已，也早是文化的一部分。在此除了能以購酒以外，也能免費預約參觀釀造的酒藏見習。

老闆和老闆娘因為與台灣的酒商有生意往來，曾經去過台灣遊玩。直告訴我，他們對於台北的繁華及台灣人的豪氣，留下很深刻的印象。聊開了，一邊熱情的邀請我試飲，一邊就開啓了他們的異地、我的原鄉，有如美酒般微醺的回憶。

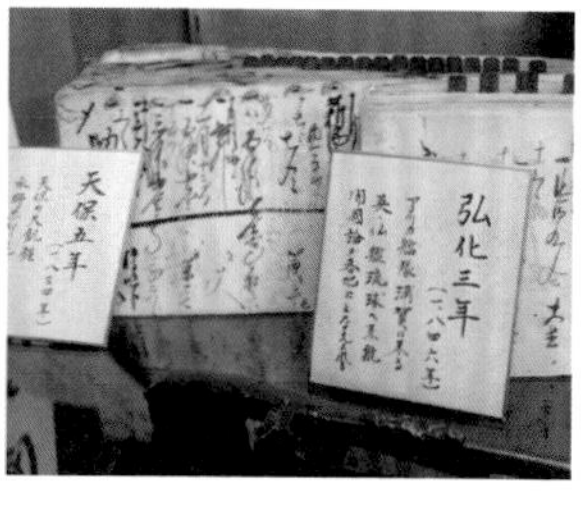

（上）開店即將屆滿三百年的老牌酒舖，仍維持著沈穩低調的和式外觀。（左）奥飛驒酒造特製的純米吟釀好酒。（中）奥飛驒酒造也推出了送禮自用兩相宜的帆布袋組合包。（右）店舖內的櫥櫃擺放著各式各樣開店以來珍貴的歷史文書資料。

奥飛驒酒造

A 岐阜縣下呂市金山町金山1984番地
T 08:00-19:00
W www.okuhida.co.jp
www.okuhida.co.jp/?mode=f5
（酒藏見習預約）

GIFU

TODAY'S ONSEN

げろおんせん
《下呂溫泉》

鄉野中的金牌療養泉

GERO

號稱日本三大名泉的下呂溫泉，最大的特色便是路邊隨處可見的足湯設施。

SPOT 3

下呂溫泉街

日本三大名泉之一

江戸時代學者林羅山曾稱，草津、有馬和下呂爲日本三大名泉。今日夜泊下呂，終於湊齊了三個名泉。

下呂溫泉早在西元九五〇年左右就已爲人開發，歷史悠久，且作爲湯治（溫泉療養）的功用而廣爲人知。不用任何沐浴清潔用品，光是泡湯，皮膚都能感覺到像是被洗滌過的光滑乾淨。

下呂溫泉最大的特色之一，就是隨處都能見到「足湯」。到訪的時節若還很寒冷，那麼這些沿路的足湯簡直就是救星了。像是溫度補給站一樣，身子冷了，就隨處躲進路邊的亭子裡，泡泡腳，從腳底暖起身子吧！因此來到下呂溫泉，記得包包裡放條小毛巾。一邊散步下呂小街，一邊享受足湯，和至親好友排排而坐，就這麼忘卻時間吧。完全的放鬆身心，每一句吐露而出的歡聲笑語，彷彿被足湯加熱了，都那麼的溫暖人心。

洋溢濃厚溫泉鄉氛圍的下呂溫泉當地街道。

下呂的發音「GERO」與形容青蛙叫聲的「GERO GERO」相像，青蛙因此成為下呂當地吉祥物。

溫泉街上的青蛙君

溫泉街上除了土產店和飲食商家以外，溫泉博物館也值得一看。館內有許多互動式的設施，能讓遊客輕易理解日本各地的溫泉成分與特色。透過科學和文化兩層面，日本人之所以與泡湯無法分割的親密關係，得以深刻認識。最後，別忘了到入口處親手壓印一張下呂溫泉的紀念明信片。

若細心的話，當可發現下呂有不少青蛙圖騰或雕像。因爲下呂的發音「GERO」在日本跟形容青蛙叫聲「GERO GERO」很像，故青蛙君就成了下呂的吉祥物。看見許多青蛙泡湯的傻樣，不覺莞爾。

溫泉街上除了青蛙君以外，還矗立著將

（左上）博物館內部的溫泉博士小屋，介紹各式各樣溫泉相關的知識。（右上）早年前人突發奇想試圖打造好萊塢影星大道，後來預算不足計劃作罷，如今只剩默劇大師卓別林獨坐路邊。（下）下呂溫泉博物館的解說員細心介紹每種溫泉的起源與功效。（右頁）下呂溫泉的路口佇立著日本三大名泉的紀念碑。

下呂列爲三大名泉的學者林羅山的雕像。不過，最詭異的是，在林羅山對面，不知爲何竟有一尊像，挺熟悉的身影。走進一看，是默劇大師卓別林。莫非卓別林也曾到訪過下呂溫泉嗎？問了當地人，得到的回答卻很意外。

「其實眞相是多年前，不知道前人哪來的想法，曾想將下呂溫泉街打造成一條好萊塢影星大道，結果才做完一尊，就沒預算了。這計畫也就胎死腹中。所以，卓別林跟下呂一點關係也沒有。」

呃……原來如此。陰錯陽差，就把卓別林一個人留在下呂了。本來該有很多朋友作伴，結果孤零零的，難怪看他一副好哀愁的樣子。而且還眞是有苦說不出呢，畢竟是演默劇來的。

● 下呂美人湯

無色無味的潤滑泉質，被譽爲「美人湯」的原因乃由於此地的泉水ph值高達9.18，鹼性超強，因此有天然肥皀的效果。

下呂溫泉博物館

A 岐阜縣下呂市湯之島856-1
T 09:00-17:00
W www.gero-spa.or.jp/hantai/musium.html

SPOT 4

紗紗羅溫泉飯店

下呂靜謐的夜

沒到過下呂的人或許爲了求方便，會選擇下呂站附近的飯店下榻，但其實最熱鬧的區域應該在度過飛驒川，走到橋的另一側才對。這裡才是下呂的溫泉街。從溫泉飯店紗紗羅徒步到溫泉街大約七分鐘左右，雖然晚上這裡的商店幾乎都在傍晚五點歇業，但在寧靜的夜裡到此散步，也是別具風情。紗紗羅的經營者對古董特別有興趣，所以在房間裡的許多角落，都能見到擺設的收藏。

晚餐的宴席料理自然也不馬虎。從餐前酒開始，總計有十五道菜色。無論是蔬菜、生魚片、海鮮等，全出自於下呂的當令食材。岐阜的名產飛驒牛當然不會缺席。除了一鍋飛驒牛涮涮鍋之外，還有紅酒燉飛驒牛。每一道美食，都是標榜著所謂的田舍（鄉野）料理，讓人從味覺去認識另一層面的岐阜之美。

睡前，到位於飯店最上層樓的溫泉泡

（右頁）洋溢濃厚溫泉鄉氛圍的下呂溫泉當地街道（上）來到岐阜絕對不能錯過的飛驒牛涮涮鍋。（下）紗紗羅溫泉飯店客房，鋪設榻榻米的地面有著十足的和式風格。

湯。特別鍾愛這裡的檜木露天風呂，淡淡的木香浴池，盛著一池純淨的泉水，沒有其他旅人打擾，一人獨佔。寒冷的風吹拂起來，身軀浸在溫泉中，一眼盡覽下呂的夜景。

下呂溫泉，靜謐的夜。有溫泉和星光的柔情相伴，今晚也一定好眠。

㊖ 紗紗羅溫泉飯店（紗々羅）

A　岐阜縣下呂市森1412-1
W　www.sasara.co.jp

飯店內特製的宴席料理

HIDA
TAKAYAMA

GIFU

TODAY'S ONSEN

ひだたかやま

《飛驒高山》

老街古宅，素顏之城

SPOT 5

老舖旅館 KAMINAKA

國家有形文化財——明治年代的百年旅館

高山可以留宿的地方不少，但要挑間符合高山歷史況味的古樸旅店，而且還是在交通便捷的市中心，那便不是件易事。從高山站徒步只需要三分鐘的「KAMINAKA」（かみなか）老舖旅館，是我這一晚的首選。

「KAMINAKA」建築於一八八八年，迄今超過一百二十七年，被日本認定爲是國家的有形文化財。百年前，這一帶是旅館街，存在過許多這樣風格的旅館，均爲日本傳統的格子戶造建築。物換星移，時移事往，如今只剩下「KAMINAKA」是唯一一間續存的老舖旅店。

一宿明治年間的百年老舖旅館，清晨到澡堂風呂醒身後，當然不能錯過旅館準備的鄉土料理早餐。味噌朴葉燒佐飯，在地傳統風味，不僅開胃，也拉開了期待新的一天，旅程的序幕。

返回視野開闊的榻榻米房收拾行李，推開窗櫺一覽庭園。春有杜鵑，夏展新綠，秋襲紅葉，冬吹白雪。現實中得以推敲的想像，成爲下一次，翻閱高山風景時的書籤。

百年前曾經為旅館街的此區，目前僅存KAMINAKA一間老舖旅館。

（左）KAMINAKA客房與庭院相連的天然景緻堪稱最棒視覺享受。（右）來到此處便不能錯過旅館特製的鄉土料理早餐。

SPOT 6

高山陣屋・陣屋朝市

重返三百年前的時空

來到飛驒高山，最爲推薦如我在一大清早不到九點就抵達。因爲在這個時間，不僅大批觀光客還未湧進，還能感受到老街古宅的寧靜氣氛。閒晃慢走，街坊的店家才準備開始營業，甚至還深鎖大門，整座城域像一張尚未粉墨登場的素顏，更有生活的況味。

號稱是全國現存唯一一座郡代官府「高山陣屋」在早上八點四十五分就開放，因此第一站可以前往此地。陣屋外頭的廣場是名爲「陣屋朝市」的早晨市集，早上會聚集許多販賣蔬果或手工藝品的小攤位。廣場旁，就是高山陣屋的入口。

高山陣屋是江戶時代的官府，陣屋的建築包括了當年的官廳、官員宿舍與倉庫等設施。一六九二年間，飛驒被納進德川幕府的管轄中，此後有長達一百七十七年的時間，這裡就等於是地方政府的辦公處。從江戶派遣過來的二十五人代官、郡代在此執行包括行政、財政與刑事公務。

甚至到了現代，這裡仍曾經扮演著飛驒縣政府的辦公室角色。直到一九六九年縣府搬遷後，才決定將此列爲開放參觀的國家歷史遺跡。此後開始進行陣屋的復原風貌，耗資二十億日圓，直到一九九六年才竣工，還原江戶風情。

仔細觀察傳統的建築，許多角落的設計，如今看來或許稀鬆平常，但在百年前可都是充滿著前人的小智慧。迴旋在高山陣屋的日式平房裡，每一個轉角，每一道從屋簷灑落進榻榻米的光，炫目一瞬間，彷彿都讓人重返了三百年前的時空。

陣屋庭園的雪，年復一年，積了又融，融了又積。時光荏苒，如同那些曾迴盪在高山陣屋裡的喧囂，正義的或者冤枉的情事，看似早從這裡煙消雲散了，其實仍飄繞在這世間。

（上）每到早晨陣屋朝市都會聚集許多販賣蔬果或手工藝品的特色攤位。（左）位於高山陣屋廣場外的陣屋朝市入口招牌。（右）陣屋一角的刑事案件審訊處裡，放著當時拷問或審判時的道具，令人看了不寒而慄。

（上）一九六九年縣府搬遷後，耗資二十億日圓修復陣屋原貌。
（下）陣屋的屋頂，直到如今仍採用砍伐的木片鋪設。

高山陣屋・陣屋朝市

A 岐阜線高山市八軒町1-5
T 08:45-17:00、十一月至三月底開放至16:30
W www.pref.gifu.lg.jp/kyoiku-bunka-sports/shakaikyoiku/kankeikikan/takayama-jinya/

SPOT
7

高山老街

飛驒高山的精髓之處

從高山站徒步約十二分鐘，在流經市區的宮川東岸，有一條古老的街道，被日本政府列爲重要傳統建築群保護區，這裡可說是飛驒高山的精髓之處。

這一條老街完整保存了江戶時代的木造建築，走訪其中，不僅能從建築樣式中體會往昔的風情，同時也能在古民宅中開設的店家，找尋心儀的職人工藝品與品味當地的鄉土美味料理。

古宅老街以安川通分成兩側，分別是三町與下二町、大新町，其中比較熱鬧的是三町這一段。在三町的老街上，一字排開有販賣日本酒的老舖、版畫或染布的店家、職人味噌店和獨具風韻的喫茶店。

其中不可錯過的，是一嘗著名的飛驒牛壽司（飛驒牛 にぎり寿司）。號稱採用嚴選的飛驒牛，經過微火炙燒後，牛肉呈現出半熟的新鮮狀態，搭配蔥薑與壽司米飯，再撒上一點鹽味胡椒，最後置於當地的名物

（上）走在高山老街小橋上，遠眺木屋景緻好似重返舊日時光。（左）被日本政府列為重要傳統建築群保護區的高山老街，可說是飛驒高山的精髓之處。（右）來到高山老街不妨體驗一回人力車逛老街之旅吧。

飛驒牛壽司（飛驒 こって牛）

A 岐阜縣高山市上三之町34
T 09:00-17:00

柔嫩多汁的飛驒牛壽司，入口之際立即感受高級牛肉的完美質感。

仙貝上等候享用。

這樣的飛驒牛壽司，果然在入口之際立即感受到高級牛肉的質感。柔軟多汁，香味殘留齒間，看似無需什麼料理技術似的，其實都是職人不落入斧鑿痕跡的燒烤與握捏技術。

高山老街四處完整保存了江戶時代的木造建築。

SPOT 8

京屋、丸明燒肉

鮮美的飛驒牛

若想再多嘗一點飛驒牛的美味，但預算又有限，建議可在午餐時間拜訪「飛驒高山京屋」（京や）這間鄉土料理食堂。店的特色是炭燒飛驒牛與時令蔬菜，讓人用純粹的烹飪方式，不添加過多的調味，藉以傳遞出高山當地食材的美味。

若在寒涼時節到訪此地，圍著碳烤火爐品味美食，是再幸福不過的事了。一片片親手炙燒的飛驒牛，隨自身喜好調整熟度，每一口都讓人想閉起眼睛，感受肉質的鮮美。

這樣還不夠嗎？那麼就只好豁出去，來份正式的飛驒牛全餐了。滿街的飛驒牛餐館，最爲出名的老店是「丸明」燒肉。

丸明本業是從開精肉店起家的，故號稱對肉的品質掌控有一定水準。因爲無法預約，若要前來，最好在用餐時段前提早到店。光是看到生肉之際，油花條理分明的紋路極美，便已垂涎三尺。

（左）供應炭燒飛驒牛與時令蔬菜是鄉土料理食堂京屋最大的特色。（上）傳統木造建築，可以看出京屋的在地悠久歷史。（下）丸明燒肉以精肉店起家，對於自家肉品極具信心。

京屋（京や）

A 岐阜縣高山市大新町1-77
T 11:00-22:00／每週二休
W www.kyoya-hida.jp

丸明燒肉

A 岐阜縣高山市天滿町6-8-1
T 11:00-20:30／元旦休
W www.hidagyu-maruaki.co.jp

㉒ 喫茶DON（喫茶ドン）
A 岐阜縣高山市本町2-52
T 07:30-22:00／每週二休
W honmachi-2chome.jp/shop/23.html

（左）沈穩低調的喫茶DON外觀，深受許多當地居民的喜愛。（右）曾被雜誌票選為「中部地方最美味的咖啡」的喫茶DON的手工咖啡。（下）超過六十多年歷史的喫茶DON，是高山地區歷史最久的咖啡館。

SPOT 9

喫茶DON

中部地方最美味的咖啡

對我來說，高山美味可不僅止於飛驒牛而已。高山咖啡也牽動著我的味蕾。高山出乎意料有很多的喫茶店與咖啡館。開在高山老街的店，觀光氣味還是過度濃厚了點，若想體會在地人氛圍，在丸明燒肉附近的巷道繞繞，當可發現不少低調的小店。

特別喜歡的一間懷舊咖啡館，是一間名爲DON的咖啡館（喫茶ドン）。開業於一九五一年，迄今超過六十多年的DON是高山地區歷史最久的咖啡館，曾被雜誌選爲「中部地方最美味的咖啡」之殊榮。在茶褐色的典雅店裝中，空氣裡恆常流動的是二代店長和田恭直摯愛的爵士樂。

挑一個喜歡的位子小歇一刻吧。點一杯手沖的高山咖啡，每一口都是被時光浸漬的滋味。

SPOT
10

飛驒古川・三嶋和蠟燭

燭火搖曳的溫情

和高山一樣，古川也是從江戶時代留存下來，一座充滿歷史風情的下町。老建築群主要保留在古川的壹之町、貳之町和三之町這一帶。木造老房、石磚倉庫、黑白色相間的「白壁土藏」建築式樣，及一條條的石坂路，它們從時間與烽火的摧殘中活出來，在新的時代裡，爲遠道而來的旅人們，進行一場場見證歷史珍寶的洗禮。

最喜歡的古川風景，是有一條人工所掘成的水路，名爲瀨戶川。瀨戶川倚著傳統石磚屋（白壁土藏）側緣潺潺流動，水面上，恆常倒映著綠葉扶疏的波光。有一點像是縮小版的岡山倉敷。在狹長的溪水中，豢養了約一千隻的錦鯉魚。溪畔設置著魚餌販賣機，要是一邊散步，一邊餵食錦鯉，那些魚彷彿就像是跟隨著你，陪你一起散步。

古川老街有許多已超過百年以上的職人老舖，一代代承繼著祖傳的事業。「三嶋和蠟燭」算是最具代表性的店家。這是一間專門手工製造蠟燭的老舖，創業迄今已超過兩百多年。

當我一推開木門，迎來的便是一陣爽朗宏亮的招呼聲。那是本店的第七代店主，三嶋順二老先生。每一天，三嶋順二都在店門入口側的小房間裡製作蠟燭。一鍋熱滾滾冒著煙的紅蠟在他面前，只見他敏捷的巧手，就迅速地完成一根根蠟燭染色的作業。紅蠟一失溫就會迅速凝固，因此，如何在幾秒鐘的時間就完成上色，考驗著職人從手感經驗中累積的智慧。

所謂的和蠟燭與中國或西方的蠟燭有何不同呢？老先生聽了我的發問，立即從身邊拿出一根尚未上蠟的蠟燭，解釋道：「和蠟燭的芯，在燈芯棉條之外，還捆了一層和紙，最後才在外頭裹上厚厚的蠟。蠟燭中置入和紙，燃燒時有空氣進入，能讓蠟燭即使沒有風吹，也能讓燭火產生燭火搖曳，火苗時長時短的美麗形狀。」

（上）人工挖鑿的瀨戶川倚著傳統石磚屋側緣潺潺流動，宛如岡山倉敷縮小版的小橋流水景緻。（左）三嶋和蠟燭第七代店主三嶋順二正迅速的製作著手工蠟燭。

三嶋和蠟燭
（三嶋和ろうそく店）

A 岐阜縣飛驒市古川町壱之町 3-12
T 09:30-17:00
每週三、一月一日至一月三日休
W www.hida-kankou.jp/product/1000000190/

手工和蠟燭，考驗著職人從手感經驗中累積的智慧。

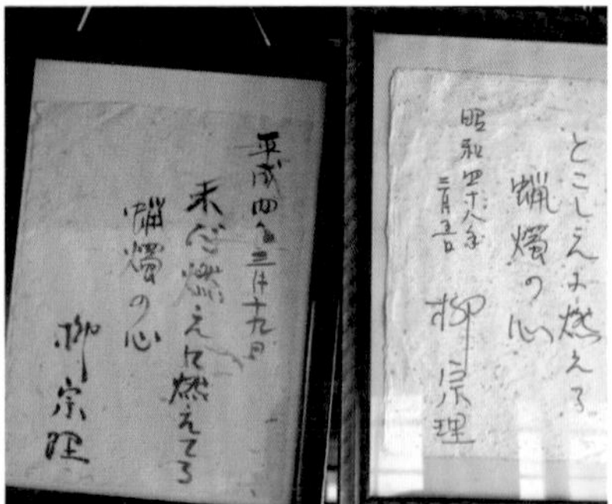

(左)紅白交錯的手工蠟燭。(右)牆上掛著設計大師柳宗理兩度造訪的簽名留言，可見三嶋和蠟燭的魅力早已風靡許久。

三嶋和蠟燭店內販售著種類多元的蠟燭，每款都是獨一無二手工製作。

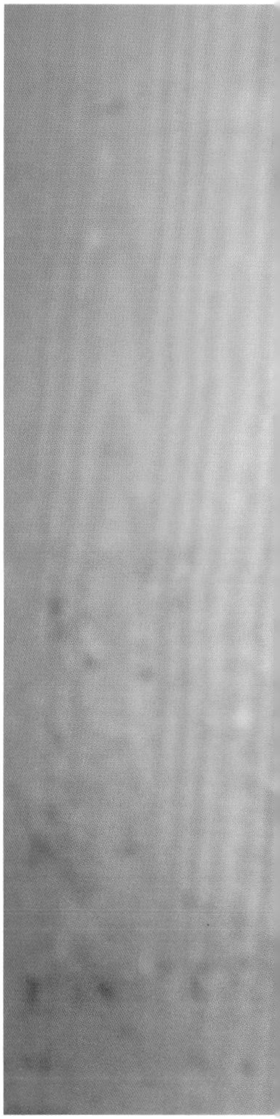

原本，三嶋順二的父親告訴他，做手工蠟燭這一行，大概以後會沒飯吃了，所以曾希望他去公司上班，蠟燭店就在自己的手上結束營業。最初，三嶋順二確實按照父親的期望去當了朝九晚五的上班族，然而卻也在平凡無奇的職場生活中領悟到，這一次，要當個忤逆爸爸的兒子。多虧了有他「不聽話」的決定，辭去工作，拜父親學藝，二十八年後在父親過世後終於獨當一面，承襲了祖傳的家業，也保存下來飛驒古川的職人傳統工藝。

聽著三嶋順二細數著他和父親之間的往事，以及許多文人雅士，曾往來於老舖的小故事，我感覺到每一支蠟燭，都燃燒著燦亮的往事與希望。

沒有不會燒盡的蠟燭。但在職人的雙瞳之中，驕傲的燭火將永遠搖曳。

● **與眾不同的和蠟燭**

和蠟燭的蠟，採用的是植物提煉的天然木蠟，一層層厚實的包裹著棉蕊，不僅讓燭火不易熄滅，燃燒時的味道對人體也無害。

GIFU

ぐじょうはちまん、みの

《郡上八幡、美濃》

鄰近的古風洋溢小城鎮

櫻花盛開時節的郡上八幡，
櫻花樹、古宅、溪流與遠方
山景構成一幅天然美景。

SPOT 11

郡上八幡，魚安

水道老街的慵懶散步

晴朗日和的好天氣，郡上八幡的視野更顯得天高地闊。到訪的這一天，是四月中旬。這裡的櫻花樹特別高聳，沿著山坡、街道和溪水邊一字排開矗立著，像挺直背脊的姿勢，充滿責任感的守望這座老城。

要是在東京，每逢櫻花季節，這樣的賞櫻勝地肯定要人滿爲患了，但郡上八幡眞正的旅遊旺季是在夏天。櫻花盛開的此刻，郡上八幡雖然沒有夏季祭典的熱鬧，卻反而有著一張靜謐且悠閒的表情。走在郡上八幡城山腰下的「城下町」街道裡，穿越老街和水道，兩旁盡是江戶時代保存下來的木造古宅，迤邐而出一片低調卻歡迎的視野。遊客來到郡上八幡，大多就是行走在以「城下町PLAZA」土產店爲中心，輻射出職人町、鍛冶屋町和柳町這一帶的老街了。

我特別喜歡流過郡上八幡老街之間的涓涓水道。從吉田川引水源而來，特別是在

下課沿著櫻花樹下散步回家的小學生，心情想必格外愉快吧。

（左）郡上八幡其實還是食品模型的發源聖地，光是產量就佔全國的六成。（中）走在郡上八幡城山腰下的城下町街道裡，兩旁盡是江戶時代保存下來的木造古宅。（右）郡上八幡舞動的人偶雕像。

（左）專以天然香魚和鰻魚為主打料理的魚安食堂。（右）鹽燒香魚香烤得酥脆的外皮，吃得出新鮮魚肉的口感

魚安

A 岐阜縣郡上市八幡町島谷1087-1-3
T 10:30-21:00／每週二或三休

郡上八幡樂藝館旁的乙姬川，是我最喜歡的一段。春有櫻花或秋有紅葉，當然浪漫。即使櫻花退場，沿著水道的綠葉盎然，也讓人感到舒暢的涼意。

這些水道是十七世紀爲了防火而築造的。如今變成觀光資源以外，因水質優良，其實仍是作爲當地居民的飲用水。

除了幽靜典雅的老街和水道風情以外，許多人不知道郡上八幡還是食品模型的發源聖地。日本的食品模型製造，郡上八幡的生產量最大，約佔有全國的六成市場占有率。淺草合羽橋道具街知名的「元祖食品模型屋」就是出自於此。因此，在老街的店鋪中，也能瞥見食品模型店，還能參加製作模型的體驗教室。

逛完栩栩如生的食品模型後，肚子也餓起來。攤開地圖，這一天午餐，決定吃香魚料理。

下日吉町是郡上八幡聚集最多餐飲店的地方。每一間在老宅中的餐廳，彷彿都藏著職人手藝的秘密。憑著直覺，挑上了「魚安」這間專以天然香魚、鰻魚的食堂。一行人有志一同，全都點了香魚定食。香噴噴的鹽燒香魚香，酥脆的外皮，包裹著新鮮魚肉的口感，甦醒了一個慵懶的午後。吃飽喝足了，小憩片刻，還有許多美景要追。

美濃祭期間鎮上男孩便會蓄勢待發，扛起以粉紅色的美濃和紙裝飾製造出來的神轎遊行街區。

SPOT 12

美濃老街

和紙的故鄉

美濃市位於岐阜縣的中央地帶，以「和紙」產地而聞名，是個規模不大卻古風洋溢的寧靜小鎮。舊式的木造建築迄今仍被完整的保留下來，棋盤式劃分出一塊有如光陰暫停的領域。在其中，一幢幢有故事的建物，仍然繼續扮演著當下的居民與生意人穿梭進出的場景。

美濃散步，最令人心曠神怡的地方就是這幾條老街了。大致是從一番町通、二番町通和卯建（うだつ）町通，這三條老街簇擁起來的一塊區域。徒步一週僅僅約一公里，便可以全然領略到靜謐的美濃小鎮中，千年的和紙文化，以及典雅建築之美。

卯建（うだつ）是日本家屋建築的特色。指的是在木造房屋的屋簷上，特別以瓦片製作出來的屋脊小柱。原本的用途是作爲和鄰家相隔的防火壁，萬一隔壁失火了，不讓火苗從屋簷延燒過來。後來到了江戶時代以後，建築裝飾的意味濃厚，逐漸成

常盤學
常盤

傳統的屋瓦和斑駁的木柵，陪伴美濃地區走過一代又一代的歲月。

爲商家或家產的象徵。愈是華麗的卯建，愈是代表富裕的地位。如今，在美濃這一帶的家屋，保存下來了眾多的卯建屋簷，皆是一座座美學的展演。老街巡禮，記得抬頭挺胸向上看，喜歡日式建築的旅人想必能大飽眼福。

老街中有許多跟和紙相關的老店。日本人從古到今都愛紙張，在這些賣紙的商鋪中更能強烈感受。精緻的手工製紙，不僅視覺搶眼，更重要的是觸摸的手感和書寫的效果都是獨一無二。職人的專精，讓每一張紙都有了人性的溫度。或許有人認爲製紙需砍伐樹木並不環保？我卻以爲正因爲需要優質的木材與水，因此伐林的同時也才懂得植林的技術與環保的重要。在美濃史料館・舊今井家住宅、和紙燈飾藝術館與美濃和紙里會館，可以更清楚明瞭和紙的技術發展與走進生活中的千變萬化。

到訪美濃小鎭的這一天，幸運的巧遇了一年一度的「美濃祭」。美濃祭在每年四月第二週的週末舉辦，是當地八幡神社的重要祭典。那兩天，以粉紅色的美濃和紙裝飾製造出來的神轎，會由鎭上的男孩們抬肩遊行。

（左圖上）從一番町通、二番町通和卯建（うだつ）町通，便可一覽靜謐小鎮中那典雅建築之美。（左圖下）在古宅週邊綻放的櫻花，更添一股優雅氣息。（右）以和紙製作聞名的美濃地區，店家內都可以買到品質精美的和紙產品。（下）夜間燈飾妝點下，整條街道呈現一股不思議的場景。（翻攝於美濃史料館）

一輛輛大小不一的花車，穿梭於古樸的建築群之間，在湛藍的蒼空下，與鮮豔的紙花形成強烈的色調對比。花隨山車搖擺，如癲狂的綻放。陣陣男聲的吶喊，汗水的飛舞，令一座古老的城市，青春得甦醒起來。

美濃祭（美濃まつり）

A 八幡神社、卯建町通周邊
T 每年四月的第二個週六和週日
W www.mino-city.jp/jp/tourist/festival01.html

GIFU

しらかわごう

《白川鄉合掌村》

山中的魔幻童話屋

在合掌村的主要道路上
許多特色商家都在此營業。

SPOT 13

合掌村聚落

古老建築群的集合之美

無論你去過哪裡或還計畫要去哪裡，有一個號稱「這輩子的日本旅行中絕對要去的地方」。那裡是白川鄉合掌村。四季遞嬗之中，上演著冬雪堆積或新綠與櫻花的景致挪移。童話般的夢境，魔術似的神奇風景，都擁有著日本任何地方也無法替代的唯一性。

從高山站旁的巴士站搭車，在山路繚繞的一小時後，抵達了白川鄉。一群村落，藏在高聳群山間的谷地之中，恍若人間的秘境。

巴士駛進白川鄉，跨過一旁的長橋，就算正式踏進了合掌村聚落。整個合掌屋聚集的所在地幅員不算大，建築群大約座落在一條路的左右兩側。每天的早上九點到下午四點，主要路段會限制車子入內，只有行人通行，因此很適合悠閒的散步。

在觀光協會不遠處提供了駛向瞭望台的循環巴士。車程約十分，可到半山腰上的

（左）合掌村街道。（右）通往天守閣的告示，站在高處得以一覽白川鄉合掌村的絕佳視野。（下）現存的一百六十六棟合掌屋，成為日本國內最珍貴的世界文化遺產之一。

「天守閣」眺望台。天氣好時散步也不錯，步行三十分即可抵達。所有你曾看過拍攝合掌村最美的空照，都是來自這裡。因爲季節與氣溫的變化，即使站在同一個角度所拍攝的照片，呈現的風貌都各自迥異。

一九五五年因爲水壩的建設，伴隨著鄉村現代化的呼聲，白川鄉的合掌村曾面臨大規模的拆除改建。原本在昭和初年，這裡有兩百六十四棟合掌屋，才過了十二年，就減少到只剩下一百六十六棟。一九六五年所幸有人發出保存合掌村的聲音，建立了「合掌保存組合」機構，以白川鄉是「日本的故鄉」爲題，才興起了建築的保存運動。

合掌村，美的不只是建築本身；美的更是每一戶老宅中的人家，維護傳統文化進入日常生活的心。

● 世界文化遺產——合掌村

一九七六年合掌村被日本政府列爲「重要傳統的建造物群保存地區」；一九九五年登錄爲「世界文化遺產」，自此便成爲許多國內外遊客希望親眼目睹的日本傳統風景。

SPOT 14

美然YUMEROMU館 和田家

走進合掌屋的懷舊空間

回到大街上，道路兩旁延伸進村落之間，有不少食堂、咖啡茶屋、紀念品店與文物館。幾乎所有的店家都在傍晚四點半到五點以前打烊，想走訪這些據點，得要抓緊時間。

「美然YUMEROMU館」是一間以木雕展示爲主題的合掌屋。爬上二樓，除了能近距離觀察合掌屋的屋頂內部構造，更能從這裡的窗戶俯瞰遠山與大街。

建築於約三百年前，被列爲國家重要文化遺產的「和田家」也不該錯過。這裡是本地最出名的合掌屋之一。透過和田家開放當時的居住空間，便能想像人們於此生活的種種畫面。

當然僅僅只是穿梭在小徑之間，都是一件愉悅的事。從各種角度拍攝出來的合掌屋，襯著不同的天空與高山爲背景，彷彿都是傑作。

到訪的當下，冬天過去了，已是春季。仍披著一層薄雪，白川鄉合掌村聚落的屋脊，絮語著遞嬗的時光。

（左上）以木雕展示為主題的美然YUMEROMU館，爬上二樓就能近距離觀察合掌屋的屋頂內部構造。（右上）美然YUMEROMU館入口一隅。（左下）建物歷史約三百年，被列為國家重要文化遺產的和田家是當地最出名的合掌屋。（右下）和田家屋內至今仍保留著早年居住空間的原貌。

SPOT 15

咖啡茶屋「落人」

炭火邊的紅豆湯

最深得我心的，則是這間隱於某間合掌屋裡的咖啡茶屋，落人。店家所在地並非在大街旁，一般觀光客若不知情也就是緣慳。「落人」位於另外一棟較大名爲「神田家」的合掌屋旁，入口不是正對道路，有點隱密，得繞房子半圈才能見著。

一掀開「落人」入口的暖簾，走進屋內就感受到整間屋子盈滿著溫暖的氣息。來一杯咖啡提神吧，老闆會邀請你到櫃檯前，在陳列的眾多瓷杯中，挑一個自己喜歡的花樣。

櫃檯掛著一幅簽名，一看之下是漫畫《ONEPIECE》作者尾田榮一郎的眞跡。原來他曾到訪過這裡，念念不忘，最後將這間咖啡館畫進了場景裡。

來到「落人」當然要坐在圍爐四周的座席。中央恆常放著兩只鐵鑄鍋，煮的是白玉善哉（紅豆湯圓）。一旦鍋空了，熱情的老闆會不斷添加，只要你點了紅豆湯來

落人

A　岐阜縣大野郡白川村荻町792
T　10:30-17:00／每週四、日休

（右頁）客人彼此並肩而坐在火爐週邊，既能暖和身子又能彼此暢談。（上）位於合掌屋內的咖啡館落人，光是外觀就以十足引人注目。（下）無限暢飲的紅豆湯圓，是每位到訪客人的最愛甜品。

老闆特製的紅豆湯圓

吃，想吃幾碗老闆也不介意。

素味平生的旅人們圍在炭火邊，偶有老闆加入攀談，在鐵鑄鍋上的裊裊炊煙中，溫暖地交換著彼此的笑語。紅豆湯是如此的甘美，午後的陽光都跟著甜了起來。

SPOT 16

民宿源作

在合掌屋裡住一晚

因爲白川鄉的民宿有限，要在這裡過上一夜，近來已不是簡單的事。然而，若因爲沒有提早訂房，最後只能將白川鄉列爲當天往返的行程，非常可惜。畢竟白晝的白川鄉，遊客非常多，唯有在傍晚，大批團體遊客退出以後，才能體會到合掌村落靜謐的生活感。

今夜投宿的「源作」民宿，約位於整個聚落的中央位置，很難想像迄今已有三百二十年的歷史。這幢合掌屋是四層樓的木屋，提供民宿的房間位於一樓，總共只有五間和式房，可容納約十五人。

在合掌村的民宿，大約都像是「源作」一般，各個房間僅以木門相隔，拉開後可變成通鋪。這樣房間，隔音效果有限。因此來到合掌村民宿的旅人，應當記得輕聲細語的禮節，此外衛浴設備是共用的，輪流使用。浴室內可以泡澡，浴盆裡提供恆溫的熱水。九點以前，都能使用。

在合掌屋民宿裡過夜，最令人期待的就是「一泊二食」所提供的早晚餐了。用餐的地方是在有炭火圍爐的暖房裡，每一道菜都是民宿老闆親手烹飪的家庭料理。隨著季節變化更換當令的食材，不變的是以山野菜爲中心，並有飛驒牛燒肉的鄉土料理。細心解釋各道菜色的老闆，始終客氣的說「都是不成敬意的菜色啊」，其實卻是令人飽足且回味無窮的一餐。

源作
A 岐阜縣大野郡白川村荻町221
W www.yado489.co.jp/m-21-gifu/gen.html

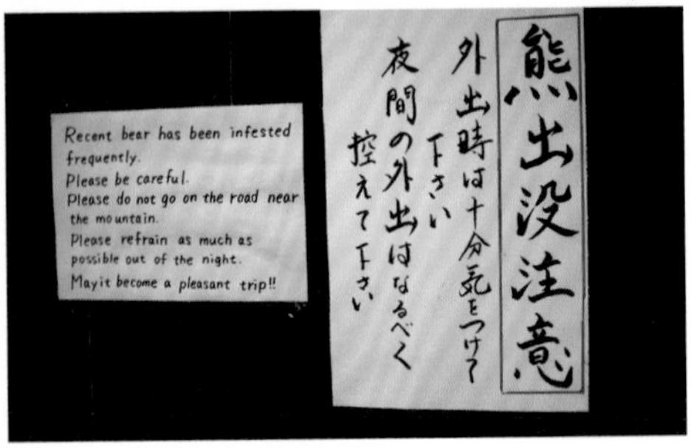
熊出没注意
外出時は十分気をつけて下さい
夜間の外出はなるべく控えて下さい
Recent bear has been infested frequently.
Please be careful.
Please do not go on the road near the mountain.
Please refrain as much as possible out of the night.
May it become a pleasant trip!!

（上）擁有四層木屋構造的源作民宿，位於合掌村聚落的中間地帶，至今已有三百二十年的悠久歷史。（左）由民宿老闆特製的鄉土料理，每道都能吃出主人家的滿滿心意。（右）民宿老闆提醒，春天是熊出沒的高峰。雄餓過一個冬天，氣溫暖了就開始出來覓食。

（左）合掌村落中唯一擁有天然溫泉大眾浴場的白川鄉之湯，此處也提供住宿服務。（右）白川鄉之湯的告示，結束一日行程之後來此泡湯最為享受。

TODAY'S ONSEN

SPOT 17

白川鄉之湯

在合掌村泡湯

晚餐過後，回房小歇片刻，睡前去了「白川鄉之湯」溫泉泡湯。「白川鄉之湯」是合掌村落中唯一一間擁有天然溫泉的大眾浴場，也提供住宿。戶外的露天風呂在白天可望見峰峰相連的景致；夜裡則有滿天的星斗相伴。夜宿白川鄉，若不願太早就寢，來這裡泡湯就是唯一的去處了。

往返溫泉和民宿之間的路上，時間還不晚，整座合掌村卻已跌進深深的漆黑中。路燈少，每一座又相隔的遠，只靠山頂的一盞探照燈照亮整座村。泡完湯，連探照燈也都滅去。

黑夜的山路上，靜謐至極，只聽見冷冽的空氣中，傳來遠方的潺流水聲。只有這樣的夜晚與清晨，不被旅人盤據的白川鄉，沒有土產店營業的合掌屋，彷彿才能放心的展露出最真實的表情。

開啓著手機燈光探路的我，突然覺得自己打擾了天地，於是滅去光源。一幢幢在我面前排開的合掌屋，窗櫺透著昏黃的光，帶領我回到今夜的「家」。

晚安了，合掌村。睡在夢幻的聚落裡，這一夜，已不需要孵夢。

白川鄉之湯（白川郷の湯）
A 岐阜縣大野郡白川村荻町337
T 07:00-21:00
W www.shirakawagou-onsen.jp/index.html

ACCESS

●熊本 — 三角港 — 本渡港（天草市）

① JR熊本站 ----特級A列車出發！---- 三角站 ▶ 約40分

② 三角港 ----天草寶島線遊船---- 本渡港（天草市）▶ 約1小時

●當地移動：天草島內

建議搭乘計程車較爲便利。

KUMAMOTO 08

秘境的王國

對於嫺熟於海洋的天草人來說，
海不是絕路，而是出發、是未來，是一切的開始。
漫步在時間爬梳過的街上，
仍能處處嗅見和風中，混合著西洋與南洋的氣味。

熊本．天草

吉本芭娜娜在長篇小說《王國》系列裡的最後一部作品《另一個世界》中，曾提到天草這個地方。而在她非小說的日記結集中，更進一步寫到了當時為了小說取材，來到天草時留宿的旅店「五足之靴」。那就是我對天草最初的印象。

熊本縣的天草，坐擁著絕對令其他鄉鎮羨慕至極的自然風景與歷史文化。十六世紀歐洲的基督教從這裡傳進日本，作為日本歐化的推手，天草扮演了其中重要的一員。當年從歐洲過來的西方人，必定需要經過南洋，故帶來的文化也參雜了東南亞熱帶文化。如今漫步在時間爬梳過的街上，仍能處處嗅見和風中，混合著西洋與南洋的氣味。

SPOT
1

特急A列車、天草寶島線遊船

天草海陸交通一網打盡

往來天草的交通方式之一，最爲推薦的是從熊本機場搭巴士到熊本車站，然後搭乘九州知名的觀光列車「特急A列車で行こう！」（特急A列車出發！）到三角站。接著，再從三角站附近的港口，搭乘「天草寶島線遊船」（天草宝島ライン）出發，抵達天草的本渡港。就在這一段路上，幾乎所有當地最具特色的大眾運輸工具都能體驗。

熊本之美，天草特色。在距離的行進之間，聽見A列車月台上俏皮的旋律，仰望船舶上每一朵移動的雲，彷彿永無止境的浪花與青山，每一個畫面的切片，即使告別，也藏著再會的手勢。

（上）特急A列車車身外觀透出一股古早時代的懷舊氛圍。（中）供應飲品的摩登風格車廂酒吧。（下）遊船內部。（右）特急A列車車廂內部一隅，座椅上的拼布布套是一大亮點。

奔馳海中的天草寶島線遊船。

崎津小鎮當地的神社鳥居，四周皆是小而美的低矮平房。

（左）崎津小鎮街道一隅，許多在地店家皆集中於此。（中）順著崎津港口高處望去，聖母瑪麗亞靜靜佇立於此守護居民。（右）歷史悠久的崎津天主堂。（下）崎津海港。

SPOT 2

崎津小鎮

靜謐的小鎮，療癒的海

天草市內最讓我流連忘返的地方，是崎津這個漁港小鎮。不過如果你抱著想要看到什麼了不起震撼景點的心來到這裡，恐怕是會失望的。

崎津小鎮讓我喜歡的地方，就在於其實是個寧靜的小漁港，並不那麼符合觀光的規格，卻在當地人日常生活的街坊中，保留了一些歷史留下的記憶。像是「崎津天主堂」或者可搭乘小船，由當地導遊帶領你見證港口邊聖母瑪麗亞的地標塑像。走在小鎮街上，雖然沒什麼店家可逛，但有著更淳樸踏實的生活感。

炎炎夏日，在販賣機投一罐冷飲吧！坐在通往神社的石階上，沁涼暢飲。寧靜的小鎮，療癒的海。時間看不見，卻能感受到靜悄悄地正在流過。誰也不提醒誰，我的這一秒，轉瞬間，和天草輝煌的過去幻化成一體。

位於不遠處的大江天主堂，是
基督教解禁後最早建立的教堂。

（上、下）三角西港曾是九州最繁榮的集散地，也是日本現存唯一自明治年代保留至今的港口。

崎津天主堂

A 熊本縣天草市河浦町崎津539
T 09:00-17:00

大江天主堂

A 熊本縣天草市天草町大江1782
T 09:00-17:00

離開崎津不遠處，還有一座「大江天主堂」也值得一看。基督教在天草解禁後，這是天草最早建築的教堂。縱使不信教，天草聚集著美麗的教堂，來一趟建築歷史之旅，對我來說也充滿樂趣。

另外，「三角西港」是日本現存唯一的明治年代的港口。明治年代的日本，這裡曾扮演著輸出港的角色，是九州最繁榮的集散地，支撐著明治日本的產業革命。目前「三角西港」正為世界遺產的登錄而努力。

（上）當地捕獲的新鮮小烏賊，加入香料調和成獨一無二的天草招牌咖哩。（左）美式風格與昭和年代的玩具讓整座空間充滿玩心。（右）珊瑚礁店內佈滿大量植栽與店主收藏多年的珍貴玩具。

珊瑚礁 自家製咖哩屋

A 熊本縣天草市五和町二江2977
T 11:00-21:30／不定休

SPOT
3

珊瑚礁 自家製咖哩屋

天草新鮮海產入味

天草盛產海鮮，想在這裡吃到新鮮美味的海產，不是難事。但既然特地遠道而來，就該找找更特別的海鮮吃法。位於市區內的這間「珊瑚礁」自家製咖哩屋，以天草捕獲的新鮮海產如小烏賊等，加入香料強勁的咖哩中，調和成獨一無二的天草招牌咖哩，是我從未嘗過的咖哩風味。

昏昏欲睡的熾熱午後，如此可口且提神的一餐，讓我在咖哩美味食譜記錄中，留下了天草這一頁。「珊瑚礁」店裡裝飾了許多融合美式與昭和年代的玩具，也成為走進此店的樂趣之一。

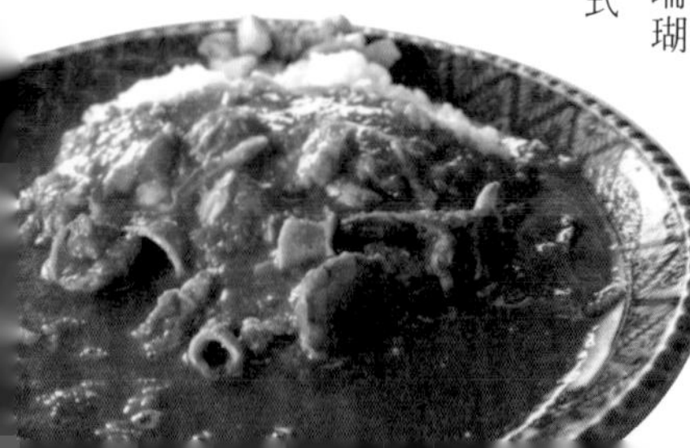

來到此處務必品嚐的珊瑚礁自家製咖哩飯

SPOT
4

WHERE ELSE

融合日泰的美味家常料理

天草風格泰式料理

天草的旅程中，四處閒逛，偶然發現了一間才剛開幕不久的泰式咖啡館。來天草卻走進泰國料理店，很怪嗎？當然不。因爲天草本來就是一個融合東洋、南洋和歐風的所在。

　這間利用日式木造老房改建而成的泰式咖啡館，是由泰國出生的先生和日本出生太太所經營的。改裝後可愛的建築外觀，以及內部融合著日本和泰國氣氛的空間，恰好反映出了主人跨國婚姻下的世界觀。

　一樓除了咖啡空間外，還販售著泰國雜貨。二樓設置的碩大書櫃前，恍如一座小型圖書館，在這裡用餐，視野的穿透感十足。不僅能俯瞰一樓景致，還可以從窗外眺望藍天和民宅屋簷。吃著泰國料理，來一杯芒果冰沙，有一刻，眞的忘了自己身在日本。

（上）兩層樓高的傳統建築，在改裝後呈現繽紛多樣的熱帶風情。（左）室內以沈穩藍色與水泥地板為基調，配上造型燈飾更顯異國樣貌。（右）獨特的開窗設計，夏日午後涼風吹來令人瞬間心情愉快。

WHERE ELSE

A　熊本縣天草市楠浦町1803
T　午餐：11:30-16:30、晚餐：18:30-21:30
　週末休
W　whereelse1803.wordpress.com

SPOT
4

石山離宮「五足之靴」

秘境裡的王國

位於九州熊本縣天草市的石山離宮「五足之靴」，曾入選《日本百大名宿》之一。旅店「五足之靴」之名取自於日本近代文學史上同名的知名旅記《五足之靴》。在這部作品中，五位年輕的詩人結伴走訪天草，進行了一趟當年天主教傳進日本的歷史巡禮，也飽覽天草風光明媚的自然景致。

旅人的心靈，移動的視野，跳脫了生活中的既定思考模式，尋覓出自我存在的新意義。旅記中傳遞出來的精神，恰好與座落在山林之間的旅店，創立時的立意不謀而合，故創辦者山崎博文便以「五足之靴」作爲旅店名。至於石山，則因爲這一帶是天草陶石的產地，故這裡的山林向來便有石山之暱稱。在這片東洋與異國交匯的天草群島之間，留下了一條詩人們的「五足之靴文學散步道」，如今這條路穿過五足之

（上）對空間充滿想法的店主，巧妙地揉和了室內黃燈光與戶外自然光。（右）五足之靴接待處設有大型書櫃，由店主選書供住客閱讀。（中）特製美味餐點，能吃出最純粹的原味。（左）五足之靴的文學步道是留宿旅客必訪之處。（右頁大圖）客房外角落一隅，環繞在大自然樹林裡的美景只在此處。

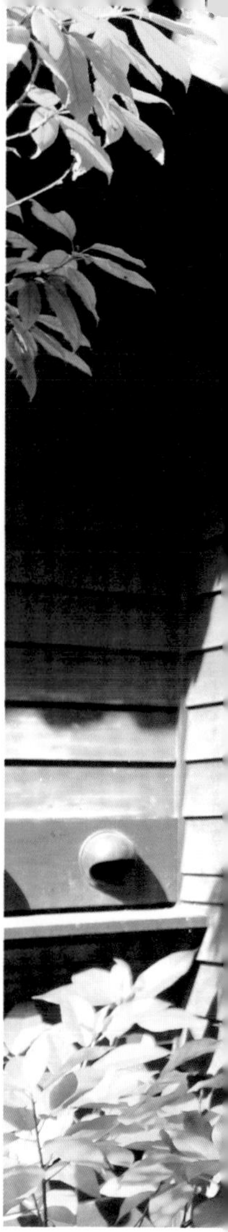

靴旅店，成爲留宿在此的旅客，必訪之地。

旅店裡的藝文與建築

「五足之靴」整個園區就是一座山丘，最早於二〇〇二年七月開幕的「Villa A・B」兩區位於山腳，二〇〇五年十月再開闢的「Villa C」區則在更深山一點的地方。Villa A・B以「亞洲中心的天草」爲概念，分別是「Villa A：天草的過去」和「Villa B：天草的未來」兩塊不同的主題客房；所在位置更爲隱秘的Villa C，則以「基督教傳到天草以後」的世界爲主題。

「Villa A・B」的中心點，也是入住旅客的接待處，設有圖書館、生活雜貨與酒吧的和洋融合建築。在這裡可以翻閱到關於天草地區的書籍雜誌，以及旅店創辦人的文學選書。我特別喜歡的是附設的酒吧，坐在長長的吧檯上，面對著窗外的山林綠景，享用著美味又搶眼的天草原創調酒，期待天草之旅的心情，就從這裡起飛。

天草「五足之靴」旅店之經營者山崎博文，出身於名校早稻田大學。是一個熱愛旅遊、文藝閱讀和創作，並對移動與空間

「五足之靴」是藝文旅店，
同時也是溫泉旅店。

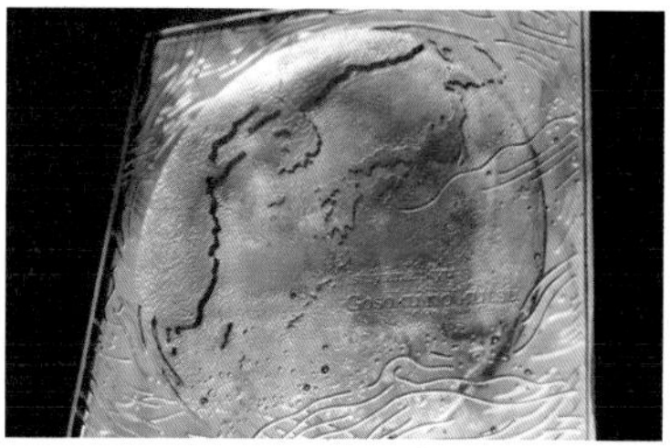

（左）客房內陳設簡約，讓周遭的自然美景與折射光影成為最佳主角。（右）五足之靴的招牌以藍色的海洋突顯日本的環海意象。

建構充滿想法的男人。拜訪「五足之靴」前，瀏覽官網時就拜讀了他的創作文字，當時便留下了深刻的印象。

一篇篇的短文中，山崎博文寫下了對天草的熱愛，也傾訴對旅店經營的理念。有風有雨，有天有海，有夏夜的夢也有冬季物語，有他個人的情緒思索也有他和客人之間的回憶。

於是明白，一間好的日本旅店之所以讓人感到滿意，除了企業管理的重要性之外，恐怕更核心的，還在於經營者是否擁有豐厚的文化底蘊。

領會海洋小鎮之美

在這個靠近長崎的小鎮上，十六世紀的天草，開啓了日本的基督教歷史。在海洋世紀的那個年代，天草接觸了來自大洋另一端的歐洲，許多當時日本未見的豐富文化。例如，活版印刷機、聖畫、讚美歌與時鐘。同時也接收到沿途攜帶而來的東南亞文化。

「從那時候起，天草人跟天草這片土地，開闊的世界觀，就和日本其他地方不同了。」他說：「海洋世紀扭轉了天草的命運，天草人其實像是葡萄牙人一樣，面對大海，心裡想的不是『啊！沒路可走了！』而是『太好了！有海，可以出發了！』這樣的興奮。」

因爲大海的航行，有了發現與收獲。海不是絕路，海是未來，是一切的開始。

我好奇日本的漁港小鎮那麼多，當初爲何西方人會選擇的是天草而非他處呢？山

對空間充滿想法的店主，巧妙地揉和了室內黃燈光與戶外自然光。

崎博文告訴我，因爲洋流和氣候的影響，讓天草比起其他地方來說，更易於船隻的入港。原來如此。一座城市的命運，冥冥之中，取決於大自然。

很多人一聽到天草，特別是東京人，就覺得遠。抵達旅館，坦白說也得花點時間。但山崎博文思考過後仍決定將旅店落腳在此，因爲他熱愛這片土地。

「起初我也想過，是否讓『五足之靴』開在更方便抵達的地方，但我沒辦法忽視我對天草的熱忱。唯有在天草這個擁有特殊歷史和文化背景的地方，才能實現我心目中的理想旅店，向住宿的人傳遞出天草精華，以及日本文化中的融合之美。」山崎博文對我說。

於是，山崎博文不止建立起「五足之靴」的核心概念，更親自構思了旅店中的室內設計與物件選用。

「一個人能走的世界畢竟有限，但透過『五足之靴』來自各地而擁有不同背景的人匯聚在此。大家都熱愛旅行，去過的地方也不同，於是在言談交流之中，每一個人就超越了有限，走進了更寬闊的世界。」他不疾不徐地說著，眼底散放著堅定的光。

TODAY'S ONSEN

SPOT 5

下田溫泉 伊賀屋

溫泉街上的老舖旅館

在天草市尚有一個名爲下田溫泉的地方，很值得一去。從下田溫泉街前往天草市各個觀光景點，交通都屬便利。溫泉街上有一間名爲「伊賀屋」的百年旅館，原來是旅店「五足之靴」的本館。

「五足之靴」的經營者山崎博文，承襲了家族的旅館事業，只不過最初家族創建的旅館並非「五足之靴」而是「伊賀屋」旅館。如今，這間在明治二十三年（西元一八九〇年）創立的旅館，其經營者已來到四代目，成爲天草下田溫泉街上最老的一間旅館。

雖然只有十個房間，算是小型旅館，不過從外觀、裝潢、料理等，全不馬虎。經過數次整修和改裝後，如今的百年旅館流淌著歷史的況味，但一點也不顯老舊，仍保持著乾淨明亮的空間迎接旅人到訪。

（上）戶外足湯浴池提供旅人在此泡腳舒緩腿部壓力。（右）伊賀屋建築保留了傳統木造外觀。

● 經濟又實惠的選擇

比起山上的「五足之靴」來說，下田溫泉的「伊賀屋」在價格上親民得許多。一泊二食，每人最低日幣一萬零六百五十圓起就能入住。若到天草旅遊，這裡自然是更爲經濟實惠的旅館選擇。

伊賀屋

A 熊本縣天草市天草町下田北1296-1

W www.igayaryokan.jp/index.html

ACCESS

●台灣 — 沖繩

桃園機場……那霸機場

▶約1小時15分

●當地移動：那霸市區

那霸市區可搭乘那霸市區單軌捷運「ゆいレール」。

W www.yui-rail.co.jp/guide/

沖繩交通查詢網

W www.routefinder-okinawa.com/route_search?Lang=zh-tw

OKINAWA
09

情深意重的海角天涯

我們抵達時的初衷不同，卻帶著相同的經驗離開。
即使未曾一道同行，未能一同併桌，
也在旅途的先來後到之中，有了時光交錯的陪伴。

沖繩・本島

別人的沖繩，都靠租車自駕或旅行團的遊覽車來移動；我的沖繩，一直都是巴士之旅。二訪沖繩，一個人的行走，依然仰賴大眾運輸工具。

沖繩雖小，但若要到那霸以外的地方，除了巴士以外就沒有任何公共運輸工具了。搭巴士在沖繩移動，從一個景點到另外一個景點，隨便就可能得花上一、兩個小時以上。有些地方還不是巴士能直接到的，你得下了車再徒步前行。

雖然移動很花時間，卻因此有了更多時間留意沿途風景。不熟悉的移動，有一股小小探險的趣味。

SPOT 1

萬座毛

韓劇《沒關係，是愛情啊》場景

結束在北中城村的出差工作，接下來就是私人的旅程了。下午三點半，原本是要返回那霸市區的，但看了氣象預報，接下來的兩天都是雨天。當機立斷，決定趁著現在的好天氣，改變計劃，立刻前往計畫中探訪的萬座毛。

萬座毛有些偏僻，幾乎所有去的人都是跟團搭遊覽車；不然就是租車自駕。從北中城村要搭巴士去，很是辛苦。問了在地人，對方一聽我要搭巴士去，起先露出了一抹「啊，要搭巴士啊……」為難的表情，但知道我去意堅決以後，就立即開始為我查詢巴士路線、時刻表和轉乘方式。最後，對方把交通資訊清楚地抄寫在一張便條紙上，慎重地交給我，送上一句：「照著這樣去，絕對可以在日落前看到美景。祝你順利，旅途愉快！要快點去巴士站，錯過這班，下一班就要等一小時了。」

薄薄的便條紙，陌生人厚實的好意。謝

萬座毛

A 沖繩縣國頭郡恩納村字恩納
自那霸市區搭乘「20號或120號巴士」至恩納村役場前站，車程約一個半小時。下車後，依循前往萬座毛的路標，步行上山約二十分鐘即可抵達。

W okinawatravelinfo.com/zh-hant/sightseeing/manzamou/

謝你，熱情的南國沖繩子民。

就這樣搭上第一班巴士，在某站惶惶然的下車，等到半小時後的另一班巴士（等車時，某一刻眞懷疑車眞的會來嗎？），然後又晃晃蕩蕩的出發，度過一個多小時才終於抵達目的地。但萬座毛在半山腰的懸崖，從巴士站下車後，還得在炎日下爬山，徒步約二十多分鐘才到達。我不是太會出汗的人，卻已經滿身大汗。好不容易終於穿過草叢小徑，瞬間，萬座毛斷崖在海天之間突圍而出。

晴朗的無風好天，青空下，碧綠的海水沈睡在斷崖腳邊，是見過即使不拍照，也能清晰留下記憶的美景。

多年前就從導遊書得知萬座毛，近來則因爲一部韓劇《沒關係，是愛情啊》以此爲場景，讓萬座毛又廣爲戲迷所愛。由於遙遠且不便前往，彷彿能夠親自抵達，也就更增添幾分朝聖的意義。

虛構編織的劇本，確實存在的場景，投射著人間的眞實情感，對我來說總有魅力。我因爲一則故事而千里迢迢來到萬座毛。當我站在這裡聽海，迎著海風等候日落時，不禁伸手握了握口袋中的那張便條紙。這片美景，從今天起，又多了幾分厚重的情意。

搭乘路線巴士來到這裡，從等車時間加上車程，並且還要爬山才能抵達萬座毛，得花上快兩小時，問我不覺得麻煩嗎？在天高地闊的風景擁抱中，情深意重的故事裡，我只想說：「沒關係，是沖繩啊！」

（上）搭著車程約一個半小時的當地巴士，沿路都有海景相伴。（下）因外觀岩石形狀看來貌似象鼻因而出名的萬座毛。（右頁）吹著海風聽著浪聲，眼前海景盡收眼前。

萬座毛的由來

萬座毛的名稱來自於琉球王朝時代，意謂著是一片足以讓萬人坐下的原（毛）野。草原的盡頭急遽收束，岩石形狀看來貌似象鼻因而出名。

SPOT 2

雲雀屋

天空下秘境的庭園咖啡

沖繩那霸。喧囂的沖繩國際通上，拐進一條巷子，沿著馬路走到一座公園，對面的兩幢建築物之間乍現出來一條促狹的窄道，雲雀屋（ひばり屋）就委身藏在此處。

我們都習慣了顯而易見的風景嗎？一座咖啡館，或者任何一處景點，身爲旅人的我們，習慣帶著幾層既定的成見去想像？因此，當我鑽進窄道中向前行走時，竟突然間懷疑走錯了路。只不過像是一條防火巷，會通到什麼地方呢？咖啡館不太可能會出現在這樣的地方吧？有一刻，我幾乎打算停下來折返回去了。所幸，終於在心有動搖之際，瞥見不遠處出現一塊低調非常的招牌。

掛著招牌的石牆岔出一道入口，惶惶然地拐身踏進以後，眼前的視線豁然躍出一片綠茵扶疏的景致。綠意的庭園中，高聳的樹木成穩地佇立著，禮讓出了一座小廣場，像一處雙臂開展的胸膛，歡迎偶然也好刻意也好的旅人，隨性踏入。

去過的戶外咖啡其實不少，然而，像是雲雀屋這樣擁有一座秘境庭園的，還是第一次見到。其實，明明可以搭一個棚子或建一處小屋的，但雲雀屋卻堅持只用一台迷你的咖啡推車，在青空烈日下賣咖啡。

這樣一座天空下的庭園戶外咖啡，許多東京、大阪來的城市人都以爲，老闆辻佐知子小姐是爲了有朝一日，擁有一處「有店面」的咖啡館而奮鬥努力著。其實，她就是熱愛這樣與大自然融合一體的開放感。過去未曾有過一般人既定印象中咖啡館應有的店面，未來也未有打算。出身於千葉縣的她，多年前因爲熱愛沖繩而來到此地，實踐了開咖啡館的小小夢想，晃眼已過了十一年。

下雨了該怎麼辦呢？這問題大概已被問了千百回。答案其實很簡單。她說：「要是下雨了，今天咖啡就不賣了呀。」如此隨性，這般簡單，看天空的表情而決定營業與否的生活與工作態度，恐怕在東京是找不到的吧？

坐在綠樹下，一邊滑著手機行事曆的代辦事項，一邊等候咖啡的我，明明感覺方才走在國際通上是那麼的炎熱，此刻卻漸漸地沁涼了起來。目光轉向咖啡推車後的老闆娘，看著她專注地手沖著咖啡，我突然決定該把手機給收起來。畢竟，溫暖的夏風吹拂中，身在沖繩就該做著像是身在沖繩的事。

（左上）位於防火巷內低調隱密的雲雀屋，光是路過絕對錯過。（左下）炎炎夏日點上一杯雲雀屋手沖咖啡，內心也沁涼了起來。（右）雲雀屋一隅販售著各式各樣多彩繽紛的風呂敷。

全以手工木作打造而成的雲雀屋，完全與大自然融為一體。

◎ 咖啡屋台 雲雀屋（ひばり屋）

A 沖繩縣那覇市牧志 1-2-12
（第 2 花笠和理髮店たかまつ中間的巷內庭園）

T 11:30-19:00 ／不定休

W hibariya.blog66.fc2.com

入夜後的Pipachi Kitchen，
有著家一般的溫暖氛圍。

SPOT 3

Pipachi Kitchen

鄉土創作料理食堂

二訪沖繩，對國際通上的晚餐地點都失去興趣以後，那麼該去哪裡吃？離開國際通，我汗流浹背的回到飯店，沖個澡以後再出門，這一回決定往反方向走。

逛過幾間麵館或食堂，想踏進去，不知爲何又駐足。最後拐進一條小巷，看見這間名爲「Pipachi Kitchen」（ピパーチキッチン）咖啡館食堂，就覺得非它莫屬了。

店名源自於當地的胡椒香料別稱，想當然爾賣的就是沖繩家鄉料理。在可愛的咖啡館空間裡，食物用的全是當令鄉土食材，但呈現的方式有別於傳統，可謂是沖繩創作料理。自家製的手工豆腐吃完了還可免費續加，感覺就是一項充滿著自信與自豪的作品。

後來才知道，這間店其實在小圈子中早已口耳相傳。導遊書上也曾介紹過。沒想到偶然相逢的在地小店，獲得了精緻而美味的一餐，來頭其實也不小。不靠導遊書

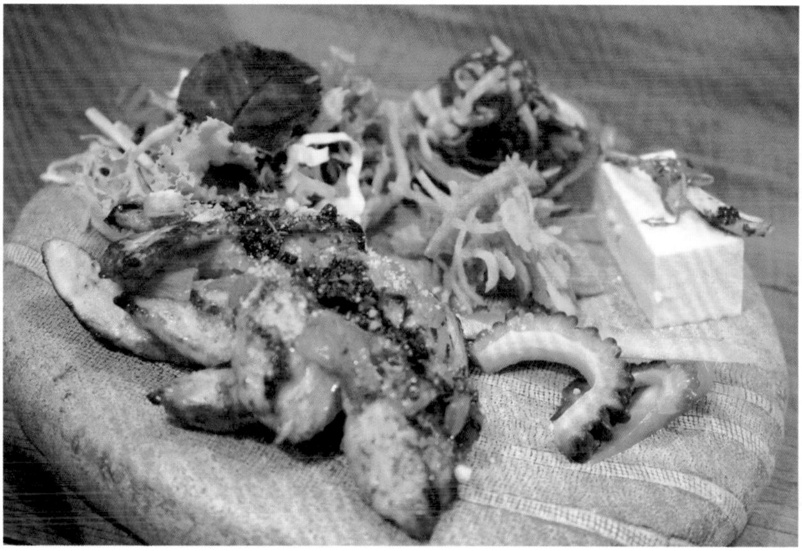

而走進導遊書的店家，並且還覺得好吃，那眞的就是緣分了。

結帳時，店長問我是從哪裡來旅行的嗎？我回答，我從東京來，但我是台灣人。店長喜形於色，說：「據我所知，您可能是本店第一位來自台灣的客人耶！偶爾會有韓國的旅客，台灣的倒是沒見過。希望以後可以愈來愈多呀。」

「相信我，會的。」我笑了笑回答她，沒有多作解釋。

也許是讀過文章而特意前往的旅人，也許是一無所知偶然闖進的過客，我們抵達時的初衷不同，卻帶著相同的美食經驗離開。即使未曾一道同行，未能一同併桌，也在旅途的先來後到之中，有了時光交錯的陪伴。

（上）Pipachi Kitchen特製沖繩家鄉料理，自家製手工豆腐還可無限續加。（左）洋溢著鄉村風的Pipachi Kitchen外觀，相當受到遊客與當地人的喜愛。（右）大量懸吊空中的造型燈飾成了空間中的最佳亮點。

Pipachi Kitchen（ピパーチキッチン）

A 沖繩縣那覇市西2-6-16
T 11:00-15:00、18:00-21:00 每週四、日休
W piparchikitchen.ti-da.net

5

COURSE
5

從幽幽古情中
體會細緻的親密互動時
請來這裡

ISHIKAWA / KYOTO

比金箔更爲閃耀── 石川・金澤

三茶屋街／金箔屋 SAKUDA／兼六園／金澤21世紀美術館
近江町市場／烏雞庵／武家屋遺址─野村家／加賀山中溫泉

風情漫步上七軒── 京都・西陣

上七軒歌舞練場／上七軒雙葉／北野天滿宮
靜香咖啡／船岡溫泉

ACCESS

●東京 — 金澤

東京站 --- JR北陸新幹線 --- 金澤站 ▶ 約2小時35分

●當地移動：金澤市內

金澤車站東口巴士乘車處，可購買五百日圓的「城下町金澤周遊巴士一日乘車券」。包括城下町金澤周遊巴士、兼六園循環巴士和市中心的路線巴士皆可不限次數搭乘。

W www.kanazawa-tourism.com.tw/information/transport.aspx

© Sun Tzu Ping

ISHIKAWA
10

比金箔 更爲閃耀的事

昂貴的金箔製品難以入手，
但光是走在這些被保存得完好的文化街衢中，
就已是珍貴的收穫。
金澤茶屋街的百年木宅，比金箔更爲閃耀。

石川・金澤

北陸新幹線通車以後，從東京搭乘新幹線到石川縣的金澤只要兩小時半，時間等同於到京都的時間。如果你曾利用JR PASS從東京往返京都，現在也可以選擇換換口味到金澤遊玩了。或者跟我一樣，先從高山玩到白川鄉，再搭乘約一小時左右的車程抵達金澤，是另一種路線的選擇。

而很多人對金澤最初的印象來自於兼六園？老實說，我對金澤的最初印象，其實來自於妻夫木聰（笑）許多年前他為ANA全日空拍攝了一系列廣告，其中一支的場景是在金澤21世紀美術館。那是我第一次因為這座泳池展示作品，認識了這座美術館，讓金澤成為心中一直想去的地方之一。

SPOT 1

三茶屋街

散步小京都

石川縣主要可約略分成金澤、能登與加賀三大區域。素來被許多人譽爲有小京都之稱的地帶，是金澤市區內盈滿著懷舊氛圍的三茶屋街。

金澤三茶屋街主要指的是東茶屋街、西茶屋街和主計町茶屋街。其中，傳統木造建築保存規模最爲完整的是東茶屋街。東茶屋街的建築，幾乎皆爲格子式拉門的木造兩層樓房。

兩排櫛次鱗比的茶屋，相連著夾起一條狹長的石板路。茶屋中則是一間間茶館、金箔藝品雜貨店、日本料理店，以及昏暮時得以瞥見藝妓流連，但非得有人介紹才能招待入店的隱密茶屋。

在「茶房一笑」可品嚐到石川知名的加賀棒茶；「箔座ひかり藏」則可買到以金澤名物「金箔」製造的各式產品。特別值得一提的是在「箔座ひかり藏」館內，有一棟石倉庫的外牆與室內均以金箔鋪成，金碧輝煌的光澤，在中庭的天空下，很是搶眼。

散步在東茶屋街很有京都祇園的氣氛，但人潮又比京都來得少，更能品味到古都的寧靜。昂貴的金箔製品或許難以入手，但光是走在這些被保存得完好的文化街衢中，就已是珍貴的收穫。金澤茶屋街的百年木宅，其實，比金箔更爲閃耀。

（上）呼應金箔的故鄉，茶房一笑外觀以沈穩木色調佐上金黃門簾。（左）箔座ひかり藏店內一隅，牆面的金色壁紙在燈光照耀下顯得格外耀眼。（右）使用加賀棒茶做成的甜甜圈是金澤名產之一。

● 搭巴士前往東茶屋街、西茶屋街

前往東茶屋街，可從JR金澤站搭乘「市區巴士」至橋場町站，車程約十五分鐘，下車後徒步三分鐘。若要前往西茶屋街，則可從JR金澤站搭乘「市區巴士」至廣小路站，車程約十四分鐘，下車後徒步三分鐘。

茶房一笑

A 石川縣金澤市東山1-26-13
T 10:00-18:00
W issho.kagaboucha.com

箔座ひかり藏

A 石川縣金澤市東山1-13-18
T 09:30-18:00（冬季到17:30）
W hakuza.co.jp/company/shop02.html

（上）三茶屋街兩排櫛次鱗比的茶屋，相連著夾起一條狹長的石板路。（下）大紅色的建築外觀，讓不少高級料亭與茶屋多了一分隱私與神祕氣息。

SPOT 2

金箔屋SAKUDA

金箔製作體驗

金澤以金箔製品而聞名，來到東茶屋街，就該體驗一下製作金澤名物「金箔」製品才不虛此行。由作田金銀製箔株式會社經營的「金箔屋さくだ」是當地著名的金箔製品專賣店。在這裡可以買到純金箔、純銀箔，以及各種金銀粉等產品，當然也不乏各類和風傳統金銀箔工藝品，以及近來頗受歡迎，添加了金箔粉的護膚保養品。

　在「金箔屋さくだ」內可以觀摩金箔紙的手工製作過程。看著師傅們巧手夾起一片片輕如羽毛，脆若薄冰的金箔紙，忽地移放在和紙上。接著低頭靠近「呼」的一吹，原本因空氣而凹凸不平的金箔紙，頓時鼓起一陣波浪，倏地又寧靜下來，最後平整地鋪在紙上，好聽話的像是墜入沈睡。整個過程眞是精彩的技藝演出。我看得出神了，不知爲何，卻突然覺得這些師傅們，應該也很擅長貼好手機螢幕的保護貼吧（笑）。

　另外也可預約報名參加貼金箔的體驗教室。今天到訪體驗教室的我，決定來做一只金箔漆器盤。首先老師傅會仔細的講解一次製作方式。倘若不懂日文也不用擔心，師傅會以簡單的英文與肢體語言讓你明白。接著從厚紙模板上，挑出想要貼上金箔的形狀，用鉛筆描在有黏性的描圖紙上，然後用刀片挖空出形狀來。完成後，師傅會幫忙貼上金箔紙與刷上金箔粉，再交回你的手中。最後一個階段，就是將已變成金箔的描圖紙給細心地撕下，於是就大功告成了。怎麼樣，我做的金箔漆器還

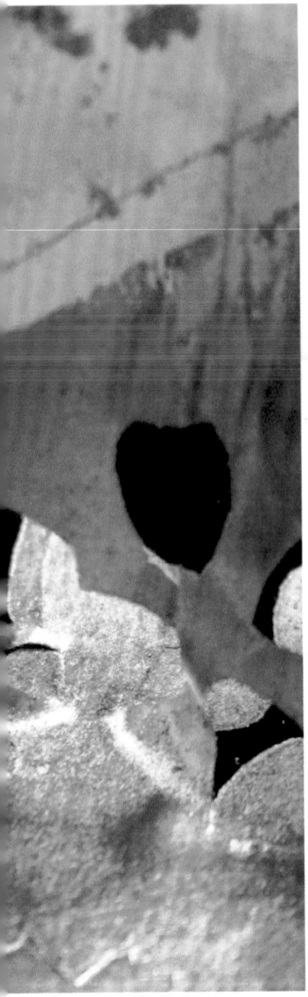

（右）在店內還可以買到各式各樣金箔相關的保養品。（中）師傅正在幫作品刷上金箔粉。（左）完成後的貼金箔作品，可是全世界獨一無二的。

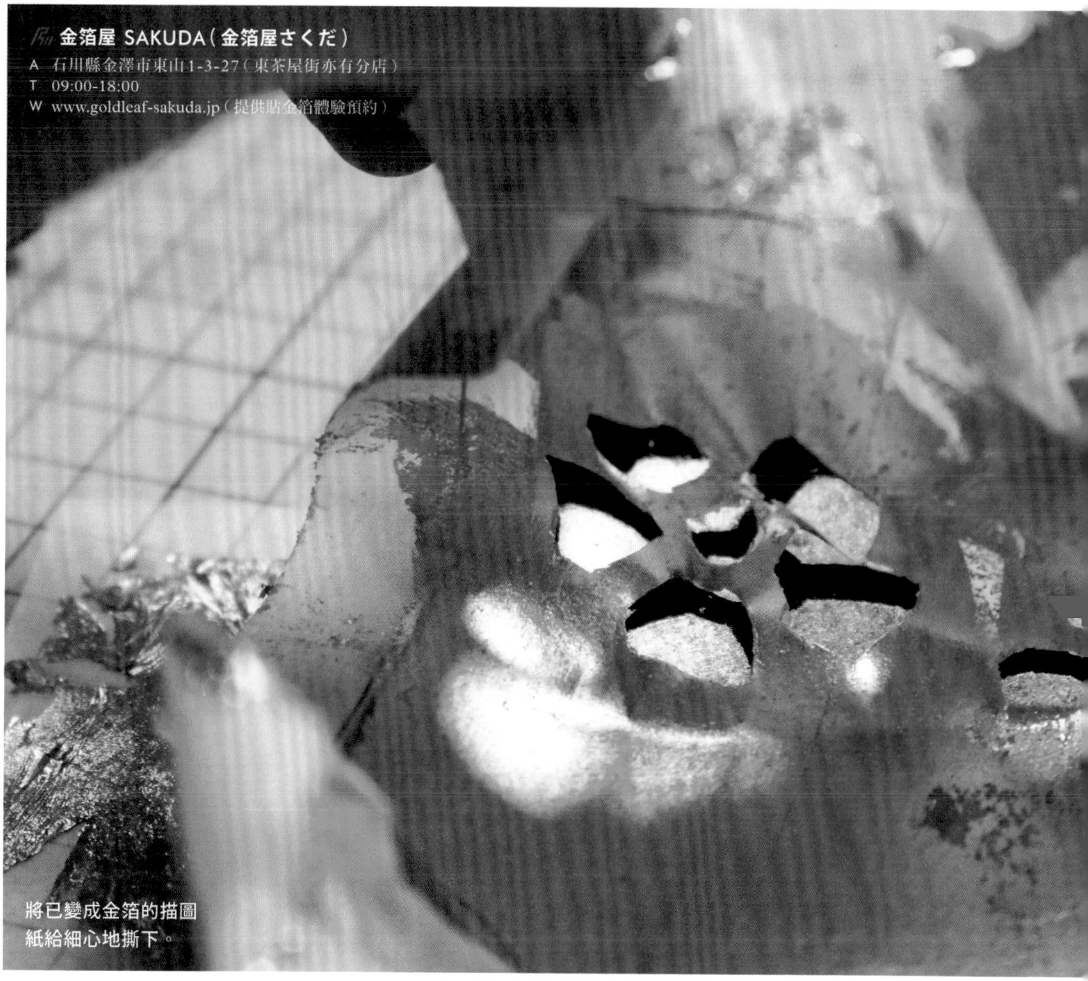

金箔屋 SAKUDA(金箔屋さくだ)
A 石川縣金澤市東山1-3-27(東茶屋街亦有分店)
T 09:00-18:00
W www.goldleaf-sakuda.jp(提供貼金箔體驗預約)

將已變成金箔的描圖紙給細心地撕下。

行嗎?成品要在常溫下放置約兩週再使用,就不易脫漆了。

這些金箔是可食用的,製作途中,師傅還特別要我嚐嚐看。沒有味道,不過想到自己吃的是金,感覺好像舌頭都高級起來。完成體驗課程後,店家的奉茶,當然也是撒上了金箔的茶水。

讓人看了忍不住想收藏、包覆金箔的可愛貓頭鷹。

兼六園園區外古色古香的商店街。

SPOT 3

兼六園

日本三大名園之一

金澤最聞名遐邇的觀光勝地是兼六園。兼六園完整保留了江戶時代「林泉迴廊式」庭園的特徵建築。庭園的概念，受到宋朝庭園造景文化的影響很深。所謂「兼六」的「六」來自於北宋詩人李格非（才女李清照之父）的傳世名作《洛陽名園記》提到的六種美景「宏大、幽邃、人力、蒼古、水泉、眺望。」兼六園因同時兼備這六大美景，融合得恰到好處，故得此名。

兼六園原本是鄰近的金澤城之城郭庭院，而最早開始整備成庭園雛形的時代，據說從一六七六年就開始著手。遭到祝融吞噬後的復建，一七七四年起又再陸續興建園內設施。如今庭園內的夕顏亭和翠瀑兩大景點，便是從當時就完工保留迄今的。歷經各朝藩主擴建而成今日規模，直到一八七四年明治年間，正式開放給民眾參觀。

兼六園內最出名的一景，已成爲有如象

兼六園與金澤城公園

A 石川縣金澤市丸之內1-1
T 三月至十月中旬：07:00-18:00
十月中旬至二月：08:00-17:00
W www.pref.ishikawa.jp/siro-niwa/kenrokuen/t/index.html

（左上）昔日芋掘藤五郎在溪邊淘金的趣聞，也被後人認為是金澤的地名由來。（右上）此處的噴泉號稱是日本最古老的噴泉，利用自然水壓可噴發約三點五公尺的水柱。（下）兼六園內最出名的一景，便是有如象徵庭園的圖騰般存在的琴柱燈籠。

徵庭園的圖騰般存在，是「琴柱燈籠」與「虹橋」。在更迭的四季，景色多變的庭院風貌中，虹橋與琴柱燈籠總能組合出各種撩人的風貌。

兼六園對面，就是金澤城公園。跡地上現已不存在的最初城堡，建於日本的戰國時代，約在一五八〇年間。後歷經江戶時代、明治與昭和年間，金澤城遭受到多次火災破壞，故如今看到的金澤城建築體其實多爲近代重建。眞正是古蹟的部分，是園內的石川門、三十間長屋和鶴丸倉庫這三處，其餘包括菱櫓、橋詰門、橋詰門續櫓、五十間長屋均爲再造。

即便如此，參觀重現的金澤城仍獲益良多。因爲見到的是日本人如何爲了復原往日風貌，堅持採用古法與建材，即使費工花錢也不願將就行事的嚴謹態度。

沿襲築城的智慧，像是開了一道入口，讓古人與現代相會，同時藉由重建時的教導、研究與學習的過程，將工藝技法傳遞到年輕的下一代。

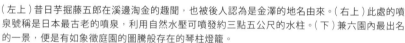

位於兼六園對面的金澤城公園，
歷經多次火災破壞，目前所見的
建築本體多為近代重建。

SPOT 4

金澤21世紀美術館

夢寐以求的游泳池

金澤21世紀美術館（以下簡稱金澤21）的建築本身、空間與周圍環境的互動，就是一件賞心悅目的作品。簡單俐落又充滿設計感的建築造型，搭配周圍整備的綠地和戶外展示作品，相信無論你是否懂得藝術作品的含義，也能在這裡獲得一次心靈的新鮮換氣。

事實上這也是金澤21當初創建時的初衷。金澤21由妹島和世與西澤立衛（SANAA）兩位設計師所設計，爲金澤市民創造一個沒有藩籬的環境，在開放式的綠地上，讓美術館以環狀的落地玻璃帷幕和透天屋頂取代水泥牆壁，因此，即使你不走進美術館內，視線也能從外界穿透進室內，瞥見常設的展示品。

美術館除了傳遞以工藝爲主的金澤傳統文化以外也和全球接軌，定期展示世界上傑出的當代美術作品。在作品展覽以外，館內還有很多可以讓來館者參與、交流與學習的體驗教室與互動設施。

走進美術館，中庭最搶眼的就是夢寐以求終於親眼見到的那座游泳池了。這座「游泳池」作品幾乎已成爲金澤21的象徵圖騰，是由一九七三年生於阿根廷．布宜諾斯艾利斯出身的藝術家Leandro Erlich在二〇〇四年所設計的作品。從戶外中庭看過去，完全就像是一座普通的泳池，但一旦靠近池邊俯瞰，竟能見到池水裡有著來來往往的人群。原來泳池在深約十公分處，用了一層玻璃隔起來，地下室空間的水藍色牆壁反射出來的水光，讓人錯覺樓下的人眞的就在池水裡。若要進到地下（泳池內部）則需要到地下室的展示間，在那裡抬頭，隔著水波，同樣也可跟水面上（一樓戶外）的人相遇打招呼。

由妹島和世與西澤立衛聯手設計的兔子椅（SANAA chair）。

（左上）台灣出身的藝術家林明弘，以其擅長的花布紋路在此展示裝飾的作品。（右）來到金澤21世紀美術館絕對不能錯過「下水拍照」的難得體驗。（左下）對它傾訴，草坪上總有一支耳朵會聽見你的聲音。靠近它聆聽，草坪上是誰在對你訴說秘密？

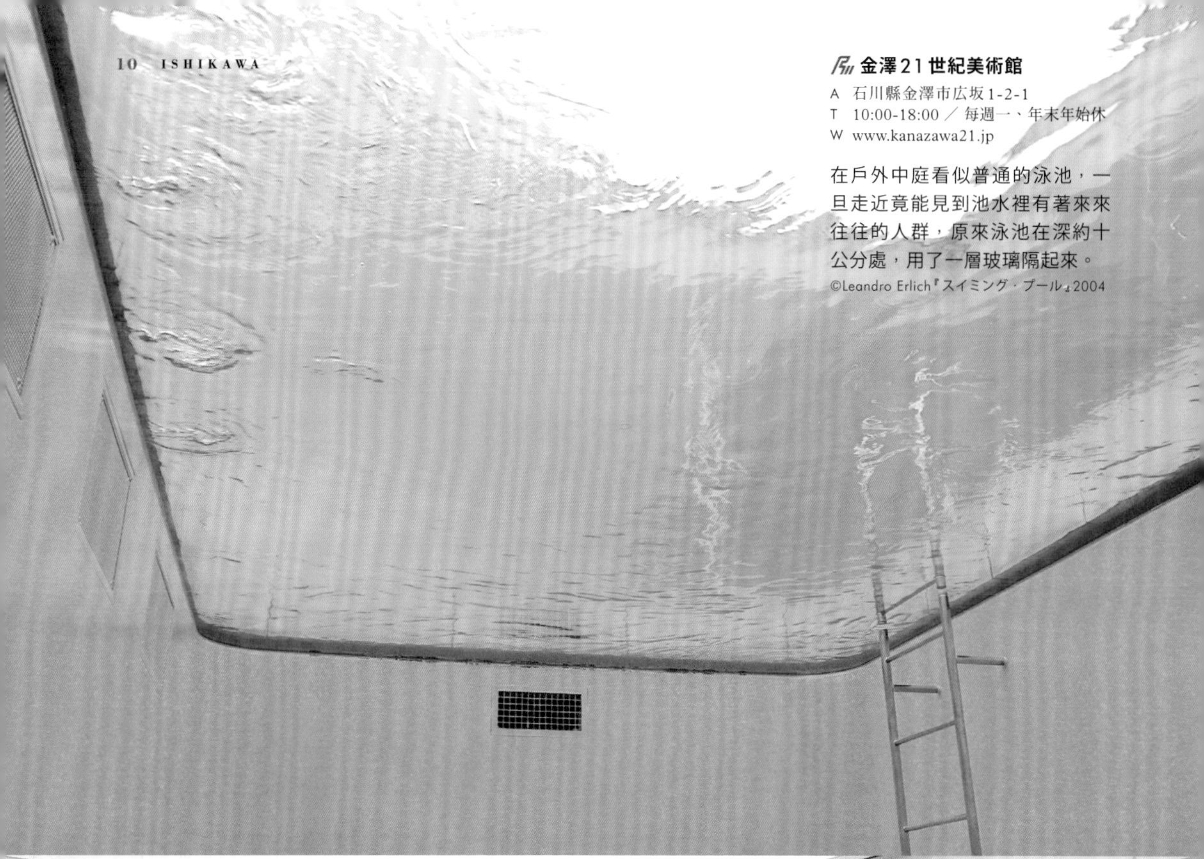

金澤21世紀美術館

A   石川縣金澤市広坂1-2-1
T   10:00-18:00 ／ 每週一、年末年始休
W   www.kanazawa21.jp

在戶外中庭看似普通的泳池，一
旦走近竟能見到池水裡有著來來
往往的人群，原來泳池在深約十
公分處，用了一層玻璃隔起來。
©Leandro Erlich『スイミング・プール』2004

10TH ANNIVERSARY SPECIAL EXHIBITION

JAPAN ARCHITE
1945–2010

Saturday, November 1, 2014–Sunday, March 15, 2015

金澤21世紀美術館最為知名的游
泳池，為阿根廷藝術家Leandro
Erlich於二〇〇四年的創作。
©Leandro Erlich『スイミング・プール』2004

（上）乾淨整齊的近江町市場內部，約一百八十間店家可供選購。（左）鄰近日本海的石川縣，在近江町市場即可買到新鮮捕獲的蝦類與蟹類。（右）沿著主計町料理料亭街人行道步行，四處可見高級料亭林立，餐點價格也相對昂貴。

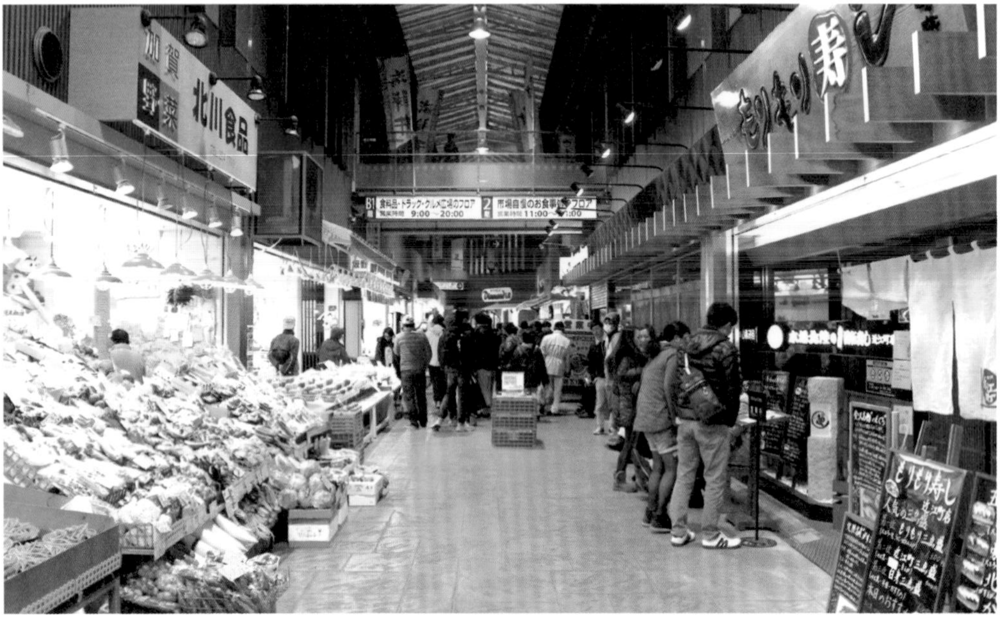

近江町市場

A 石川縣金澤市上近江町50
T 市場 09:00-17:00
室內市場館餐廳營業至深夜，閉店時間店家各異／每週三休
W www.ohmicho-ichiba.com

SPOT 5

近江町市場

金澤市民的廚房

由於石川縣靠近日本海，故金澤的海產也相當美味。除了在「主計町料理料亭街」得以品嚐到檔次較高的日本料理以外，市區內的「近江町市場」則是能以平價吃到國民海產美味的地方。

近江町市場素來有「金澤市民的廚房」之美譽，歷史號稱已有三百多年。市場內約聚集了一百八十間左右的店家，販售新鮮的魚貨蔬果。愛食生魚片的朋友，這裡當然也能讓你大快朵頤。

除了市集形式的市場外，一旁的「市場館」（いちば館）則是室內的店家。在此也能品嚐到市場內的生鮮好味。若逢冬季，別忘記品嚐一下本店名產「勘查加擬石蟹」和「甜蝦」保證回味無窮。

烏雞庵
A 石川縣金澤市西念4丁目22（代表店）
T 09:30-19:00
W www.ukokkei.co.jp

來到金澤自然不能錯過金箔相關美食，其中首推名店烏雞庵。

SPOT 6

烏雞庵

金澤散步美食，烏雞庵金箔霜淇淋

金澤美食，當然不能錯過撒上金箔製作而成的各種食物。其實整個金澤市內到處都能吃到類似的東西，但當中最爲推薦的仍是名店烏雞庵。

　烏雞庵標榜店內產品使用的蛋黃，都是用自家農場飼養的天然烏骨雞所下的蛋而製成。最出名的應該是蜂蜜蛋糕，不過我個人推薦的是金箔霜淇淋。霜淇淋加入了烏骨雞的蛋黃，濃厚的蛋香，又帶著焦糖的風味，是鮮少吃到的霜淇淋優質口感。最重要的就是在上面撒上的美麗金箔啦。賞心悅目的金箔霜淇淋，即使金箔本身無味，吃起來也彷彿讓人容光煥發了。

標榜以自家農場飼養的烏骨雞新鮮蛋黃所製成的烏雞庵金箔霜淇淋。

SPOT 7

武家遺址——野村家

北陸新幹線開通的廣告場景

金澤受到中國的庭園文化影響很深，除了兼六園以外，還有像是「野村家」這樣保存著古代武士家屋遺址的庭園，開放民眾入園參觀民宅家屋與日本庭園。

野村家最早可追溯到十六世紀（日本天正十一年，明朝萬曆十一年）前田利嘉領主統治了金澤城後，當中的一位野村幕府因獲得領地，因而建造了家園。封建幕府制度崩潰後，野村家不斷變賣家產，到了昭和初年終於賣出最後一部分土地。收購此塊園地的是一位企業家，他把最後保存下來的野村家裡最美的一部分，移築至此並開放參觀，如今我們才能欣賞到充滿日本風格的文化遺產。

庭園內超過四百年的山桃樹，綠蔭盎然，小小的庭園像是收納起整個地球的森林田野，盈滿奧妙的況味。JR北陸新幹線開通的電視廣告之一，其中有一幕就是杏和外國女生一起坐在屋簷下，欣賞奧妙

的庭園風景。
野村家精緻的木造建築如今仍被完好的保存著。在屋簷下靜靜的欣賞庭園，每一個角度，都能見到不同角度的小山流水，感受也就不同。就這樣靜靜的看著、沈思著吧！彷彿角度的變化，也能讓生活中繁瑣難解的思緒，在這一面美好的景致前，翻轉出新的思維。

米其林二星級觀光勝地

野村家的庭園曾在二〇〇九年，獲得米其林導遊書選爲二星級的觀光勝地。另也曾被美國庭園雜誌《日式庭園期刊》（Journal of Japanese Gardening）選爲全日本第三名的庭園，僅次於島根縣的足立美術館和京都的桂離宮。

（右）野村家入口處，保留了當年野村幕府家園原貌。（左）封建幕府制度瓦解後，野村家變賣家產最後由企業家收購，並保留野村家最美家園，開放一般民眾入內參觀。

武家屋遺址 野村家

A 石川縣金澤市長町1-3-32
T 二月至九月08:30-17:30、十月至三月08:30-16:30
W www.nomurake.com

TODAY'S ONSEN

SPOT 8

加賀山中溫泉

追隨松尾芭蕉的感動

離開金澤市區，往石川縣下方走，在境內的南方邊界是加賀地區。加賀地區以溫泉而聞名，共有山中、山代、粟津、片山津和辰口等五座溫泉鄉，自古以來就是北陸地方的溫泉觀光勝地。金澤小旅之後不如遁入山間，讓加賀的溫泉洗滌身心吧。

五座溫泉鄉當中，以山中溫泉作爲代表。山中溫泉以當地溫泉的源頭處「菊之湯」爲中心，延伸出去一條名爲「熱氣街道」（ゆげ街道）的溫泉街，聚集了許多的土產店、餐廳和溫泉旅館。

若並不打算留宿山中溫泉，那麼在「菊之湯」泡泡湯是不錯的選擇。菊之湯分爲兩座建築，一座是女湯，另一座是男湯。兩幢建築都極富風雅，從奈良時代被高僧發掘此處的溫泉後，一千三百年來受到許多泡湯客的青睞。

詩人松尾芭蕉亦是其中之一。他曾在「奧之細道」的旅程中，來到此地留宿九夜。在逗留期間，松尾芭蕉深深被當地的風光明媚所感動，又特別喜歡加賀的泉質，故認爲加賀的山中溫泉是他心目中，日本的三大名泉。

緊鄰菊之湯女湯旁的「山中座」在二樓，是一處得以鑑賞日本歌舞伎表演的場所，而一樓的紀念品店能買到當地推薦的伴手禮。如果覺得還不夠，那麼就散步到「熱氣街道」上尋找更喜歡的土產吧。就算什麼都不買，沿途的山路風景，潺流而過的鶴仙溪，經過耳際的風聲鳥語，已是天地大方贈與的厚禮。

（右）菊之湯女入口處，從奈良時代被高僧發掘此處的溫泉後，一千三百年來受到許多泡湯客的青睞。（中）在山中座一樓可以買到許多當地限定的紀念品。（左）緊鄰菊之湯女湯旁的山中座，平時為欣賞日本歌舞伎演出的場所。

湯 **加賀山中溫泉**

W www.yamanaka-spa.or.jp/welcome/bashou.html

山中溫泉以源頭處菊之湯為中心，延伸出名為熱氣街道的溫泉街，聚集許多的土產店、餐廳和溫泉旅館。

● 溫泉區內周遊巴士券

來到加賀地區，建議購買加賀CAN BUS周遊巴士券。巴士券分成兩種，一種是海線（前往片山津溫泉和小松機場）；另一種則是山線（前往山中、山代溫泉）周遊券。無論是一日券或二日券，以上兩種周遊巴士，在使用期間內無限次上下車。

觀光巴士「散步號」
會經過山中溫泉的觀光景點，同時也會停靠各家溫泉飯店。可直接在巴士車內購買。

加賀「CAN BUS」周遊巴士
購票可於巴士車內、JR加賀溫泉站內觀光詢問處、CAN BUS發車處辦公室。

若不打算留宿山中，在菊之湯男湯泡個溫泉也是旅程中的極致享受。

ACCESS

●關西機場 — 京都

搭乘JR WEST特急「HARUKA」，搭乘時間75分。

●京都車站 — 上七軒

JR京都站 ------ 市巴士50號／101號 ------ 北野天滿宮前站
上七軒站

▶ 車程約半小時，下車後徒步三分鐘即可抵達。

KYOTO

11

風情漫步
上七軒

願所有的孩子都將知道，
虛懷若谷與學無止境的道理。
有一日，褪下制服以後，沒有人站在講台上授課之際，
那才是人生漫長學習的開始。

京都・西陣

說起京都的藝妓，大多數人很快都會想起祇園的花見小路通吧？夜幕低垂，花街的羊腸小徑中，穿著和服來往穿梭的藝妓，確實已成為最具京都印象的風景之一，也是觀光客必訪之地。花見小路是當今京都聚集最多藝妓和茶室的區域，然而，卻很少人知道其實那裡並非是京都最古老的花街。原來，比祇園歷史更為悠久的藝妓和茶屋發源地，在京都市上京區一處名為「上七軒」的地方。

如今，上七軒雖然繁華不敵祇園，卻在喧囂退場後，依然保有氣質滿分的優雅風情，繼承著傳統文化的美好。

（左）歷年專門培養舞妓的上七軒歌舞練場入口一隅。（右）歌舞練場後面的石板小路。（下）人潮雖然不如花見小路，置身其中仍然可以感受濃厚舊日時代懷舊氛圍。

● 七軒練舞場公演

練舞場的表演廳同時也會舉辦公演，在此可欣賞藝妓的舞蹈演出。每年三月二十五日到四月七日，在此舉辦的上七軒歌舞會舞踴公演最爲出名。

上七軒歌舞練場

A 京都市上京區今出川通七本松西入真盛町742
T 依表演行程而定
W www.maiko3.com/index.html

SPOT 1

上七軒歌舞練場

比祇園歷史更久的藝妓發源地

上七軒，從北野天滿宮東門前起始，在一條短短的小街上，由兩側傳統的木造町家建築簇擁起一股懷古的氣氛。這裡不似花見小路的人潮繁多，漫步其中，因此更能夠靜下心來感受江戶時代的情緒。

如果說祇園的面向是觀光客，那麼上七軒更著重於文化的傳承。爲了延續與發揚京都的舞藝妓文化，上七軒有一座「上七軒歌舞練場」專門用來培訓舞妓。而近年來，爲了吸引年輕族群，每逢夏天還會舉辦戶外的舞妓啤酒花園活動。高級茶室門檻高，不只消費驚人，更多茶室不接受未經熟客介紹的初訪客人，這項活潑的啤酒花園活動，讓大眾得以有機會與眞正的藝妓交流，是感受京都文化的絕佳機會。

若平日的入夜以後，仍在上七軒閒晃，幸運的話也許就能直接巧遇藝妓的身姿碎步出沒在石板路上。

SPOT 2

上七軒 雙葉

價格實在的烏龍蕎麥麵店

這些木造町家多是日本料理店、小酒館、茶屋或喫茶店，外觀少有明顯的看板，櫛比鄰次的料亭美味，其實都在屋內默默的暈散。大多數的店家中午就開始營業了，午餐的價格比較親民，適合旅人淺嚐即止老舖的氣氛與滋味。

到訪這天的初夏中午，盆地已是悶熱的天候。食欲不振，想尋覓清淡消夏的午餐，我猶豫徘徊在上七軒的店家前，最後決定走進這間名爲「雙葉」（ふた葉）的烏龍・蕎麥麵店。

店家外觀看起來像是高級料亭，其實是價格實在的國民食堂。就來一碗清爽的豆腐皮烏龍涼麵（きつねうどん）吧！帶著柚子香味的醬汁，洗潤彈牙的麵條，佐以微甜的豆皮與京都綠蔥，身體裡鼓譟不安的溽熱，彷彿終於都乖乖的安靜入座了。

❀上七軒 雙葉（ふた葉）

A 京都府京都市
上京區真盛町719
T 11:30-19:30／每週三休
W www.futaba-kami7ken.com

（右）上七軒雙葉樸實又溫馨的店舖外觀。（下）人氣料理豆腐皮烏龍涼麵，帶有柚子香氣的醬汁，搭配彈牙手工麵條與微甜的豆皮吃來格外爽口。

SPOT 3

北野天滿宮

學問之神的殿堂

沿著上七軒花街慢慢看，沿路的店家也許有你鍾愛的和菓子屋，或者再挑一間喫茶店喝杯咖啡，最後來到街尾，眼前就是學問之神北野天滿宮境地的東門了。

所謂的學問之神，也就是天滿宮的主神，祭祀的是日本平安時代的學者菅原道眞，如今被視爲掌管庇佑求學的神明，有如我們的文昌帝君。雖然在日本各地有許多神社都會奉祀菅原道眞，不過最爲出名的當屬福岡的太宰府天滿宮，以及京都的北野天滿宮了。各地祭祀的學問之神，大半都是從這兩座神社分香出去的。

北野天滿宮創建於西元九四七年，如今早已成爲應考的學生和校外教學旅行的孩子們，拜訪京都時的必到之地。若逢早春，境內上千株的梅花齊放，蔚爲奇景。儼然是櫻花季節來臨前，京城的另一賞花聖地。

而我拜訪的季節無梅也無櫻，但在晴朗的蒼穹下，夏日鮮綠的成蔭，也讓人感覺神清氣爽。隨著校外教學旅行的莘莘學子，一起步入了學問之神的殿堂。遠道而來的孩子們，魚貫地輪流等候膜拜。我尾隨在後，有一刻忍不住閉起眼，聆聽一陣陣風中傳來雙掌合十的清脆擊響。

想要考取好成績與好學校考生，都會在此誠心祈求學問之神的庇佑。

❀北野天滿宮

A　京都市上京区馬喰町
T　4月至9月：05:00-18:00
　10月至3月：05:30-17:30
W　kitanotenmangu.or.jp

與福岡的太宰府天滿宮並稱兩大學問之神神社。

（左）店內最受歡迎的熱咖啡牛乳，口感十分溫潤而醇厚。（右）至今仍保留著早年外觀的靜香咖啡，洋溢著濃濃的時代感。

SPOT 4

靜香咖啡

花街藝妓創業的喫茶店

離開天滿宮，午後西陣的散步路線折返上七軒，再往千本今出川的方向前行。大路上沿途皆是住宅與小商店，看似毋需探訪之處，其實爲的是要找尋一間耳聞已久的喫茶店，靜香咖啡。

靜香咖啡迄今已超過七十多年的歷史。一九三七年（昭和十二年）創業，店名「靜香」是當初老闆娘的姓名。特別的是這位老闆娘的背景，原來是當年京都花街的藝妓。那時候，她是在什麼背景下開了這間咖啡館呢？緣由已不可考。只能從桌上擺放著一幅靜香側影的肖像，遙想當年的風情。不再粉墨登場的臉龐，微笑是否比較眞實？每一杯咖啡的美味，或許就是靜香的答案。

如今，咖啡館的經營者雖然已和靜香無關，但依然延續著店名，用著戰前留下來的古董桌椅，在懷舊典雅的裝潢氣氛中，滿足往來的咖啡饕客。據說店內最受到歡迎的是熱咖啡牛乳。冬日暖身，夏日暖心，咖啡牛乳溫潤而醇厚的口感，彷彿入口之際，讓人對世間的煩躁，突然又擁有了一分對應的圓滑。

靜香咖啡（Coffee SHIZUKA）

A　京都府京都市上京區今出川通千本西入ル南上善寺町164

T　10:00-17:00／每月第二及第四個週日休

靜香咖啡庭院一隅，小童雕像增加一絲奇妙趣味。

TODAY'S ONSEN

SPOT 5

船岡溫泉

鞍馬口的風情錢湯

距離靜香不遠處的十字路口是千本今出川，也就是今出川通和千本通交會之處。沿著千本通往北走，遇到鞍馬口通後往右拐，再步行一會兒，漸漸看見民宅改建的商店零星出現，不久，在這條樸實的小街上，就會遇見一座外觀極具風情的老錢湯，名爲船岡溫泉。

船岡溫泉開業於一九二三年，迄今仍完好保存著當年的建築。屋脊兩端裝飾的「博風板」（日文爲唐破風）爲其特色，已被日本文化廳登記爲有形文化財產。傳統風格到了溫泉浴場卻又變成十分現代的設備。如今在日本各個錢湯幾乎都會有「電氣風呂」（在浴池中釋放微量不傷身的電力，幫助血液循環），其實最早開始導入這項設備的錢湯就是船岡溫泉。

距離船岡溫泉幾步腳程的地方，有另外一處歷史九十多年的錢湯建築。不過，這裡不能泡湯。改建錢湯建築成爲咖啡館的

船岡温泉

A 京都府京都市北區紫野南舟岡町82-1
T 平日15:00～01:00、週末假日08:00～02:00
W funaokaonsen.info/ja/

「café sarasa 西陣」因主題有趣，且風格特殊，不僅成爲當地人小歇的去處，也早已成爲熱愛京都的外地文青們必訪之地。

沿著原路回頭，再從千本通回到交界的今出川通上，我的西陣散步小旅也將告一段落。順帶一提，沿路兩側似乎不太有可看性的千本通，其實大有來頭。千百年前，日本人以唐長安城爲本打造京都（當時名爲平安京）時，市中心的南北要道，也是全城最大的街，是同樣取自於長安路名的「朱雀大路」。當年朱雀大路的大約位置就是現在的千本通。物換星移，攤開現在的京都地圖，貫穿京都市區中央的南北要道已被烏丸通給取代。

走在煩囂退場的千本通上，擁有想像力的旅人，必然能挪移小說或史料中的現場，來一場古今穿梭之旅吧。總在這個時候，讓我覺得閱讀和想像力是旅行中多麼豐富的一件事。同樣的旅程，我們總比不閱讀的人，多了一點什麼。

（右頁）走進千本道岔出的鞍馬口通，便走進了寧靜的日常風景。（上）錢湯改建而成的咖啡館 Café sarasa 西陣。（下）屋脊兩端裝飾的「博風板」是船岡溫泉的最大特色。

6

COURSE 6

讓歷史長河 沖淡鑽牛角尖的思緒時 請來這裡

AICHI

東海道的時光交匯——愛知・豐橋

二川宿本陣資料館／吉田城／嵩山工房／YAMASA竹輪
喫茶店PATRIA／勢川本店／菊宗本店

歷史與親水之旅——愛知・岡崎、浦郡

八丁味噌／大樹寺／岡崎城天守閣／男川／竹島
海邊的文學紀念館／蒲郡競艇／蒲郡拉格娜／葵溫泉旅館、岡崎New Grand Hotel

ACCESS
●東京 — 豐橋
東京站 JR新幹線 豐橋站 ▶ 約1小時23分
●如何前往：名古屋 — 豐橋
名古屋站 JR新幹線 豐橋站 ▶ 約28分

AICHI

12

東海道的時光交匯

事過境遷，在平成年間的東海道上，
老店仍屹立不搖，堅持著職人的美味。
無論旅人的多寡，每一口，
仍要正確地烹煮出跨越時空的，
正確的味。

愛知・豐橋

因為有人的行走，而形成街道；因為有街道的延伸，而聚落出城市。城市與城市的聯結，在更多更長的道路之間，交織出旅人雜沓的腳步。

數百年前，日本江戶時代從關東通向關西的「東海道」就如此拓印著旅人往來的足跡。東海道在當年有如體內血管的大動脈，讓東西日本正式聯結起來。而位於這條大道中間位置的愛知縣豐橋市，便曾經是旅人們途中休憩的驛站宿場。豐橋是日本的樞紐，為東日本和西日本的文化相遇，扮演了轉運站的重要角色。

SPOT 1

二川宿本陣資料館

探訪旅人的足跡

聽到「東海道」這三個字，最先想到的或許是新幹線路線當中，從東京通向新大阪的「東海道新幹線」吧？東海道是新幹線的路線名沒錯，但更精準地說，是新幹線沿用了「東海道」這個名詞才對。

東海道是在數百年前的江戶時代，德川家康在一六〇〇年間，整備從東京的日本橋（江戶）通向三条大橋（京都）的聯結道路，將這條重要的交通幹道起名為東海道。古時候因為交通不便，從京都到東京路途遙遠，故在幹道上必須設置許多的驛站旅店。東海道上共有五十三個驛站，故得名「東海道五十三次」。

愛知縣的豐橋，以距離來說差不多在東海道的中央位置，其中以「二川宿」和「吉田宿」兩個驛站最為知名。當年，驛站和驛站之間全是自然風光，美雖美，卻毫無人煙。二川宿和吉田宿則是熱鬧非凡的休息站，在這裡形成了結合旅店、酒場、職

二川宿本陣資料館

A 愛知縣豐橋市二川町中町65

T 09:00-17:00
週一、十二月二十九日至一月一日休

W www.toyohaku.gr.jp/honjin/

人雜貨店、商店街的聚落。套句現代的說法，就是個Life Style & Travel主題商業複合設施來的。

如今來到二川宿，還能從保留下來的幾棟老建築中，憑弔過往繁華。當年有兩間重要的旅店，分別是旅籠屋「清明屋」和「二川宿本陣」。建造於一八一七年清明屋（二〇〇二年整修復原），在當年算是較爲平價的國民旅店；建於一八〇七年的二川宿本陣，則是較爲高級的旅館。豐橋市將少數幾棟保留下來的木造建築，經過整修和改建以後，開放作爲歷史資料館，名爲「二川宿本陣資料館」。在這裡可以了解豐橋和東海道五十三次的歷史，以現代旅人的角度，瞧一瞧百年前的旅行。

走在超過兩百年光陰的旅館建築中，想像著踏在木板上的每一步，其實都濃縮了多少旅人腳步的情緒。那些難捨的分離，那些久別重逢的歡喜，都在驛站中醞釀著。看似寧靜的空氣，因而也彷彿躁動了起來。

東海道的路名仍在，只是喧囂退場，換上靜謐的表情。取而代之的，是不遠處高架的東海道新幹線。列車裡呼嘯而過的旅人們，或許有幾秒鐘會望向窗外的二川宿，但並不知道，一眨眼，就閃過了多少歷史中寄存在此的夢境。

（上）豐橋市將少數幾棟保留完好的木造建築，經過整修和改建後以「二川宿本陣資料館」之名對外開放。（左）在二川宿本陣資料館的室內也重現了昔日生活的用餐場景。（右）走在二川宿本陣資料館的長廊，感受日式古宅中的光影更迭。（右頁）二川宿本陣資料館內展示著許多昔日豐橋和東海道庶民生活的歷史模型。

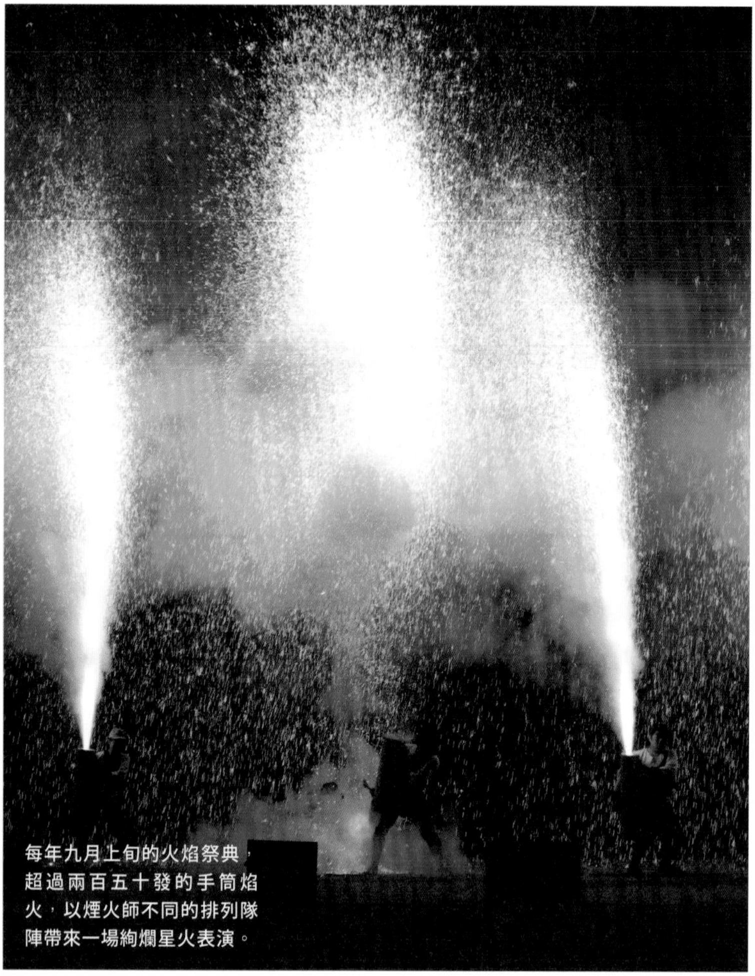

每年九月上旬的火焰祭典，超過兩百五十發的手筒焰火，以煙火師不同的排列隊陣帶來一場絢爛星火表演。

SPOT 2

吉田城

手筒焰火的傳統祭典

「手筒焰火」顧名思義就是拿在手上的筒狀焰火。但可不是你以爲的那種線香花火，而是外型具有十分巨大的筒狀煙火。施放煙火時，煙火師必須先將手筒焰火用雙手牢牢抱起，緊緊貼在身體的一側，點燃煙火後，讓熊熊烈火噴發到上空。最後，在火焰噴盡時，一聲巨響後炸開。此一瞬間，煙火師要非常迅速且熟練地將手筒焰火反轉置地，才算完成施放。

手筒焰火據說從前是人們傳遞訊息的工具之一。從日本戰國時代興起，到了江戶時代才流傳到民間，漸漸地轉變爲一種慶典的表演。之所以會說豐橋的東三河這一帶是手筒焰火的發源地，是因爲當初與這裡有地緣關係的德川家康，把製造火藥的技術傳遞給這一帶的居民，便有了這樣的因緣。

豐橋的手筒焰火最特別之處，是每一支手筒焰火從手工製造到施放的人，全是同

吉田城（豐橋公園）

A 愛知縣豐橋市今橋町3
W www.city.toyohashi.aichi.jp/green/park/toyohashi.html
手筒焰火觀光網站（ええじゃないか豊橋）
www.city.toyohashi.lg.jp/12022.htm

在戰國時代扮演重要軍事要塞角色的吉田城，如今靜靜佇立於豐橋公園內，成為豐橋一帶的日常景點。

一人。在全神貫注的製作中成就了每一支煙火，然後親手捧著它們，祈禱花火燦爛，目送火光在空中離開。在傳統技藝的背後，完成一場又一場炙烈的愛。

火焰祭典

手筒焰火每一年在豐橋或東三河地帶都有或大或小的施放。不過，最受歡迎的是每年九月上旬，在豐橋公園內的棒球場舉辦的「火焰祭典」。超過兩百五十發的手筒焰火，以煙火師不同的排列隊陣，噴發出一場夜空中的星火表演。

大份量的壽司搭配野菜與炸蝦，豐盛菜色讓人不禁食指大動。

期間限定花火便當

SPOT 3

嵩山工房

豐橋筆毛筆職人

若說豐橋是職人之鄉也不爲過。除了手筒焰火以外，手工毛筆的製造在日本書法界也頗爲出名。

豐橋筆。在許多書法學習者的眼中，等於是高級毛筆的代名詞。擁有兩百年以上的製造歷史，在日本國內的高級毛筆製造市場中，豐橋筆就佔了七成。

其中，今次探訪的「嵩山工房」所製造的手工毛筆，其品質之優更爲人所津津樂道。嵩山工房內有幾位上了年紀的老師傅，在店長山崎亘弘的領導下，從挑選恰當的軟硬用毛，到針對各種用途的微調，製造出一支支獨一無二的毛筆。除了書法毛筆以外，繪畫用筆甚至是化妝筆，也是職人們擅長的領域。

嵩山工房開放觀摩，有興趣一探，或嘗試親手製作出自己的毛筆，可事先預約。

（上）以高級毛筆製造地聞名的豐橋，可以在嵩山工房挑選各種等級的材質。（下）嵩山工房裡，高級毛筆一字排開任君挑選。（右）職人正細心地打造品質精良的豐橋筆。

嵩山工房（筆の里 嵩山工房）

A 愛知縣豐橋市嵩山町下角庵1-8
T 09:00-15:00／不定休
W www.toyohashi-fude.com
E takumi_info@toyohashi-fude.com

SPOT 4

YAMASA竹輪

竹輪之鄉的散步

在愛知縣的豐橋地區，不得不提的名產，是日本人皆知的「竹輪」（ちくわ）。竹輪的名產地之一，就是豐橋。在豐橋市區內的魚町和札木地區，聚集了許多販售各式各樣的竹輪商家。其中，最出名的是一間創立於一八二七年的竹輪老店，YAMASA竹輪（ヤマサちくわ）魚町本店。

本店所在地的豐橋市魚町地區，從前是個熱鬧非凡的魚貨市場。大約在四百五十年前，從伊良湖到片濱十三里的海所捕獲的魚，一定得在這裡的熊野權現神社境內販賣交易，因此，這一帶就逐漸成爲了聚集著新鮮漁獲的天堂。

而YAMASA竹輪，當時是以鮮魚店起家的，後來才發展成竹輪的專賣店。如今，在魚町本店裡，可以試吃並買到種類繁多的竹輪產品，特別是加入新鮮干貝的「干貝燒蒲鉾」是本店才有的限定商品。

帶一盒竹輪當作紀念品吧，或者現場吃幾塊，喝杯店裡免費提供熱茶，繼續散步在魚町地區的街道。別看沿路的老商店，好像平常門可羅雀的樣子，到了十二月底跨年前，竹輪是送禮自用的好選擇，那時候的街上，將會竄動著辦年貨的人潮喔！

加入新鮮干貝的「干貝燒蒲鉾」是YAMASA竹輪才有的限定商品。

（上）YAMASA竹輪店舖門口懸掛的木匾額，見證了悠久的歷史。（下）來到豐橋魚町地區不妨來上一串現烤竹輪，品嚐在地才能吃到的限定美食。

YAMASA竹輪（ヤマサちくわ）魚町本店

A 愛知縣豐橋市魚町97
T 07:00-20:00
W yamasa.chikuwa.co.jp/index.php

SPOT 5

喫茶店PATRIA

到日劇場景裡吃個早餐

在許多日劇和動漫迷心中，來到豐橋，非要朝聖不可的聖地是日劇「我們都是超能者！」（みんな！エスパーだよ！）的重要拍攝場景：喫茶店パトリア（PATRIA）。

PATRIA在日劇中的店名是「喫茶シーホース」，如今在店門口的玻璃上仍貼著劇裡的名稱。「我們都是超能者！」漫畫原作來自於若杉公德，他的另外一部作品也曾被改編成電影，可能較爲台灣民眾所熟知，是松山研一主演的喜劇「重金搖滾雙面人」。

其實「我們都是超能者！」漫畫原來設定的場景是大分縣，不過東京電視台在設定這齣深夜偶像劇的預算時並不多，大分縣太遠了，只好把場景移到愛知縣。導播挑了當地豐橋出身的園子溫來擔任，因此劇中人物講的日語，劇本經過修改，人物講話都帶了當地的三河腔，成爲一齣非常愛知縣的道地日劇。

來到PATRIA這天早晨，在這裡享用了道地的愛知縣式早餐。那就是無論如何一定會附上一粒水煮蛋。咖啡館裡掛著許多劇照和演員的簽名板，相信能滿足日劇迷的心。

不過，最讓我留下深刻印象的，是在咖啡館裡遇見的一群老先生。他們都是附近的居民，從一大早就聚在這裡吃早餐、看報和聊天。每個人看起來都很有元氣，面帶笑容，輕鬆自在。問他們，能拍張照嗎？其中一個老先生還立刻俏皮地躺在沙發上。

比起牆上的劇照風景，他們更有戲。一個眼神或一抹笑容，都是眞實的，豐橋生活的演繹。

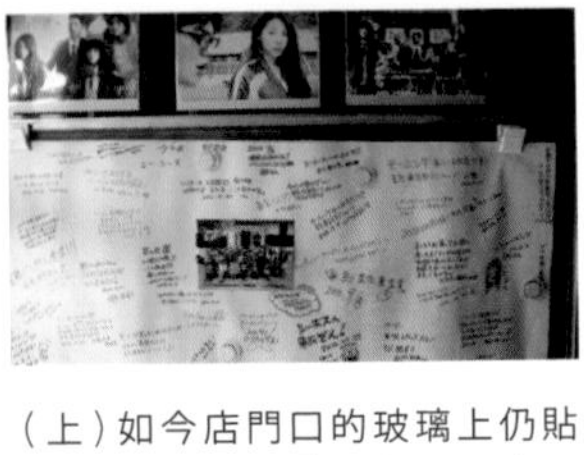

（上）如今店門口的玻璃上仍貼著劇裡的名稱「喫茶シーホース」。（左）喫茶店PATRIA店主，有如親切的鄰家媽媽。（右）作為日劇「我們都是超能者！」的拍攝場地，店內牆上仍掛滿了劇照和劇組留言海報。

喫茶店PATRIA（パトリア）

A　愛知縣豐橋市嵩山町字荒木65

T　08:00-12:00／每週一休

(上)喫茶店PATRIA提供道地的愛知縣早餐，無論如何一定會有水煮蛋。(下)住在當地充滿元氣的老先生們，一聽到要拍照還俏皮地躺在沙發上。

勢川本店（代表店家）
A 愛知縣豐橋市松葉町3丁目88
T 11:00-19:30
每週一、每月第三週的週一、二休
W www.honokuni.or.jp/toyohashi/info/000015.html

豐橋咖哩烏龍麵是由咖哩麵下先鋪上一層山藥泥，最後下面則有白飯，一碗麵就能吃出三種層次。

SPOT 6

勢川本店

豐橋美食，咖哩烏龍麵

豐橋的咖哩烏龍麵的「組合」特別不同。本地的料理做法是在咖哩麵下先鋪上一層山藥泥，最後下面有白飯。因此一碗麵分了三層，你可以一層層規矩地吃，享受三種口感，也可以全部攪拌成一碗，綜合口味。

豐橋咖哩烏龍麵在全市內不同店家都有賣，不管哪家店，豐橋咖哩烏龍麵必須遵守下列五大準則：

①使用自家製麵。
②碗內從下到上依序要放白飯、山藥泥和咖哩烏龍麵。
③麵上要放豐橋產的鵪鶉蛋。
④要添加福神漬或紅生薑。
⑤要放愛去煮。

嗯，以上五大準則，到底最後能不能吃到料理中的「愛」呢？就等你親自來品嚐看看了。

SPOT 7

菊宗本店

醬烤豆腐串菜飯，兩百年老舖

豐橋美食散步中，私心認爲絕對不能錯過的一家店，是一家以醬烤豆腐串菜飯聞名的老舖，菊宗本店（きく宗本店）。

所謂的醬烤豆腐串菜飯，正式的名稱是「菜飯田樂定食」（菜めし田楽定食）。吃法是以蘿蔔葉攪拌製成的菜飯，搭配一盤本店的主打星，醬烤豆腐串一起食用。用竹棒插著的一根根長方形豆腐，全是自家製的手工豆腐，在細心的燒烤過後，淋上祖傳秘方的甜味噌醬汁。

一口菜飯，一口豆腐串；一口清淡，一口香濃。兩種落差的味覺，在嘴裡綜合著，是口感的完美搭配。

創業於日本的文政年代，跨越江戶時代，迄今菊宗本店已有兩百多年的歷史。店家位置就在東海道的路上，往昔這裡曾往來著絡繹不絕的旅人，醬烤豆腐串菜飯滿足著他們空虛的胃，吃飽了，再出發。

事過境遷，在平成年間的東海道上，老店仍屹立不搖，堅持著職人的美味。無論旅人的多寡，每一口，仍要正確地烹煮出跨越時空的，正確的味。

難忘的口味與壯闊的風景，來自於一點一滴的堅持與守護。願我們都能在旅程中成爲一個更懂珍惜，更謙卑的人。

（上）以醬烤豆腐串菜飯聞名的老舖菊宗本店，創業至今已有兩百多年歷史。（左）醬烤豆腐串以竹棒插著的一根根長方形自家製豆腐，在細心的燒烤過後，淋上祖傳秘方的甜味噌醬汁即大功告成。

菊宗本店（きく宗本店）

A 愛知縣豐橋市新本町40
T 11:00-15:00、17:00-20:00、週末及例假日：11:00-20:00／週三休
W www3.ocn.ne.jp/~kikusou/

ACCESS

●名古屋 — 岡崎

名古屋站 ---JR東海道本線新快速--- 岡崎站 ▶ 約30分

●名古屋 — 蒲郡

名古屋站 ---JR東海道本線新快速--- 蒲郡站 ▶ 約51分

AICHI
13

歷史與親水之旅

烽火止息了，是非成敗也蓋棺論定。
所有的沮喪失落也好，豪情壯志也好，
都在時光中蒸發殆盡。

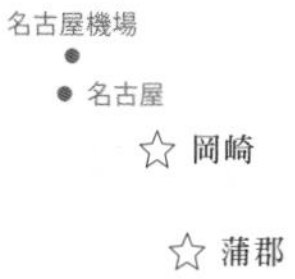

愛知．岡崎、蒲郡

愛知縣的岡崎保留了豐富的自然風情與歷史文化遺產，以德川家康誕生地而聞名；蒲郡則是個氣候溫和的度假勝地，擁有溫泉鄉和遊樂園。這兩個地方別說對台灣人很陌生，其實在日本也是個秘境般的旅遊新鮮地。對於到訪過日本已經很多次的旅人來說，下一趟旅程，正好值得開發一下這些不同的地方。

AICHI

おかざき
《岡崎》

徳川家康誕生地

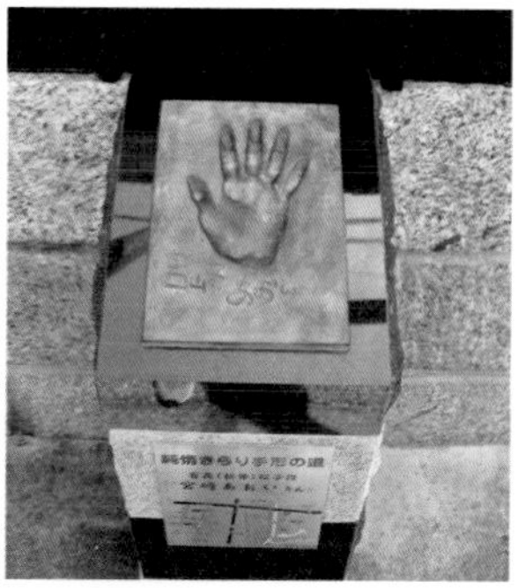

（左）老鋪MARUYA肩負著當地負責生產八丁味噌的重大任務。（右）MARUYA曾為NHK晨間劇《櫻子》純情閃耀的拍攝地，此處至今還保留著女主角宮崎葵的照片和紀念手印。（下）乘裝八丁味噌的巨大杉木桶，據說很多都有超過一世紀的歷史。

MARUYA（まるや）
A 愛知縣岡崎市八帖町往還通52
W www.8miso.co.jp

SPOT 1

八丁味噌

NHK晨間劇《櫻子》純情閃耀的拍攝地

在日本的味噌流派中，有一個知名的產地是八丁味噌。八丁味噌的原鄉就是這裡。八丁味噌的名稱典故，來自於產地八丁村（現為八帖町）距離岡崎城約有八百七十公尺（八丁）故得此名。從江戶時代初期開始，這裡就開始以傳統的職人手法釀造味噌。

曾經採訪過日本其他味噌產地，參觀過許多味噌工廠，但在岡崎的八丁味噌倒是見到了從未看過的工廠風景。在放置味噌靜候發酵的巨大杉木桶上，堆疊了非常多的石塊，目的是爲了利用石塊的重量來瀝乾水分。這樣的做法算是岡崎的特殊傳統。可別以爲堆那些石塊很簡單，因爲每一塊石頭都很重，而堆疊也有特殊的方式，需要懂得堆疊技術的味噌釀造職人才能做到。而那些杉木桶與石塊，據聞很多都已超過一個世紀。因爲使用的木材品質優良，每個木桶都能耐用一百年以上。

工欲善其事必先利其器，在這樣充滿歷

老鋪MARUYA肩負著當地負責生產八丁味噌的重大任務。

史況味的木桶中發酵而成的味噌，必然也是充滿著時間與人性交匯的溫度。

除了重要的工具、職人的技術之外，岡崎的地盤湧出的優質天然水，以及當地溫濕度恰到好處的氣候，也是造境八丁味噌的美味要訣。

味噌老店「MARUYA」、「KAKUKYU」

八丁味噌目前由「MARUYA」（まるや）和「KAKUKYU」（カクキュー）這兩間老鋪生產。「MARUYA」曾經作爲NHK晨間劇『櫻子』純情閃耀的拍攝地，如今在這裡還能看到女主角宮崎葵的照片和紀念手印。

「KAKUKYU」則設有一處史料館，可以在這裡明白味噌釀造的過程和秘辛。值得一提的是，「KAKUKYU」的建築是在一九二七年建造的磚房，如今登錄爲國家文化財產。

「KAKUKYU」內有一間能夠吃到當地味噌料理的餐廳「休右衛門」。接近中午時分，參觀完味噌工廠之後，怎能不好好品嚐看看呢？味噌拌麵是這裡的名產。甘甜

（右上）設有歷史資料館的另一老鋪KAKUKYU，建築為一九二七年建造的磚房，如今登錄為國家文化財產。（右下）在老鋪KAKUKYU歷史資料館中也展示了釀造八丁味噌所使用的巨大杉木桶。（左上）人氣料理味噌拌麵。（左中）八丁味噌麻婆豆腐相當下飯。（左下）帶有鹽味焦糖口感的八丁味噌霜淇淋。

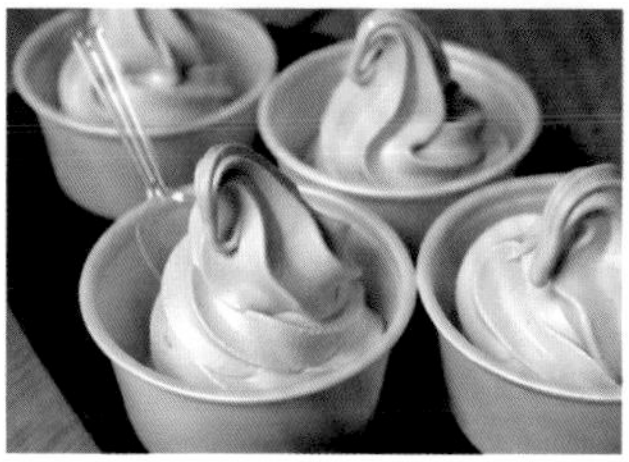

KAKUKYU（カクキュー）
A 愛知縣岡崎市八帖町字往還通69番地
W www.kakuq.jp/home/

的味噌肉醬攪拌烏龍麵，吃起來的口感類似炸醬麵，不過因爲加入的豐富野菜，讓口感比炸醬麵更感清爽。另外，用八丁味噌煮出來的鍋燒麵、拉麵，則推薦給希望喝到熱湯的朋友。想吃飯的話，不如就來一道味噌麻婆豆腐吧！各式各樣的味噌料理，爲這趟旅程的岡崎美食演出，拉開精彩的序幕。

吃飽了，以爲這樣就結束了嗎？那可不行。目前最流行的就是八丁味噌霜淇淋了。把味噌加進冰品，絕對不是只有喝過味噌湯的人能夠想像的。就像是鹽味焦糖的口感體驗一樣，味噌霜淇淋在入口之際，立刻能感受到味噌的味道，但旋即口感就會轉爲甜味。先鹹後甜的絕妙口感，完美融合，是味噌料理的完美收場。

八丁味噌吃法

八丁味噌的口感偏甜，因此除了用來作爲味噌湯以外，也適合當作配菜的佐料。像是直接加在冰冰的蒟蒻上吃，竟意外的成爲一道甜美可口的小菜。

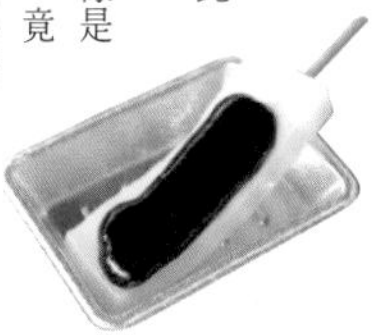

大樹寺

A　愛知縣岡崎市鴨田町広元 5-1
T　十月至三月：09:00-15:30
　　四月至九月：09:00-16:10
W　home1.catvmics.ne.jp/~daijuji/

SPOT 2

大樹寺

德川家康的生命轉折地

岡崎是德川家康的誕生地，故在這裡有不少歷史遺跡都和德川家族有關。其中我最感到興趣的是「大樹寺」這個地方。因爲這個地方，發生的一段小故事，改變了德川家康的意念。倘若那天，德川家康沒有來到這裡，日本的歷史將會改寫也說不定。

大樹寺是松平家第四代的親忠（德川嘉康五代前的祖先）在一四七五年建造的寺院。如今因爲安置著德川家康的八代祖先，以及在他之後的十四代將軍牌位而聞名。

寺院裡從正門（山門）、鐘樓、多寶塔到正殿，所有的木造建築都很古色古香。即使已經斑駁了，仍十分有架勢地矗立著，散發著歷史的光澤。散步在寺院裡，被靜謐的空氣給包裹著，不知不覺紛亂的心思也沈澱下來。

據說德川家康在十九歲時，曾在大戰中感到生命受到脅迫而喪志，逃到大樹寺，準備在祖墳前剖腹自盡。突然間，大樹寺的住持恰好見到，阻止了他，並對他開釋。「厭離穢土，欣求淨土。」住持對德川家康這麼說。

住持告訴他，如果他眞的厭惡現在這個環境，那麼就離開，去尋找永遠和平的淨土。因爲這一席話，德川家康放棄了自裁的念頭，從此努力追求一統天下，讓扶桑列島日日和平的目標。大樹寺改變了德川家康；也改變了日本的命運。

德川家康誕生在岡崎城內。岡崎城距離大樹寺有一段路程，不過從大樹寺可以隱約地眺望到岡崎城。

這不是偶然。原來，是德川家康的後代德川家光，爲了讓恭奉祖先排位的大樹寺，能永懷德川家康的誕生地，所以刻意設計了大樹寺的視覺動線，好讓目光從正殿就通過正門，落到遠方的岡崎城。

歷經了三百七十年，如今，德川家光的願望仍被現代的岡崎市民給守護著。迄今在岡崎市內建造的樓房，無論如何，不能阻擋到這條眺望線。

烽火止息了，是非成敗也蓋棺論定。所有的沮喪失落也好，豪情壯志也好，都在時光中蒸發殆盡。看似什麼都不存在了，只留下歷史文物遺跡，然而，身爲德川家康同鄉人的岡崎市民，默默堅持著這條眺望線，其實看見的是永遠留存的，企求太平盛世的武將精神。

走在扶疏綠樹和寺院建築繚繞的大樹寺內，享受一段寧靜不受打擾的時光。（右頁）大樹寺一隅，木造建築被靜謐的空氣和綠樹給包裹著，紛亂的心思也隨即沈澱。

大樹寺寶物殿

在大樹寺裡的寶物殿（又名牌位堂）裡的德川家族牌位，每個大小都不同。原來，這裡的牌位是以當事人的身高而製作而成的等身大牌位。這是德川家族僅有的特徵，成爲日本史上的特殊文化。

SPOT 3

岡崎城天守閣

重返德川家康時代

德川家康誕生的地方，如今被開闢成了一片綠意盎然的岡崎公園。在這座公園內，除了岡崎城天守閣之外，如今在還保留了一些與德川家康相關的史蹟，包括據說當年德川家康產下的地點、生產過程中所使用到的井水，以及恭奉德川家康胎盤塚的據點。

一樓是入口，二樓到四樓是資料館。天守閣同時也是登高望遠的展望台，登上五樓的最高點，得以俯瞰岡崎市內的美景。

別擔心看不懂日文介紹。岡崎城非常貼心的準備了中文簡介，記得買票時跟服務人員索取。另外，若租借語音導覽筆，則可先在簡介上設定好中文，接著在館內所有展示品旁凡是標有語音說明標誌處，用語音導覽筆點一下，就能聽見中文語音導覽。

每逢春天，岡崎城下的乙川沿岸綻放的櫻花樹，是熱門花見的景點。若是這在個

（右）遠眺岡崎城天守閣，昔日德川家康誕生的地方，如今被開闢成了一片綠意盎然的岡崎公園。（左）龍城神社一隅，相較於大阪、東京、名古屋，這一帶的國外觀光客較少更能靜下心來參觀。

時節來到日本中部，除了名古屋能夠賞櫻之外，岡崎城邊也是獨特的選擇。相較於大阪、東京、名古屋，這一帶的國外觀光客較少，反而更賞心悅目。

若對戰國歷史有興趣，岡崎城旁有一座家康館，則展示了更詳細的史料，深入簡出的讓人明白那個年代的歷史發展。此外，鄰近還有一座龍城神社（岡崎東照宮）奉祀的便是德川家康和本多忠勝。在這裡可以買到有岡崎城形象和德川家康的紀念御守。

戰舞表演

值得一提的是，爲了吸引遊客，每逢週末例假日，會在天守閣下定期定時舉辦「GREAT家康公『葵』武將隊」的表演。身穿盔甲，裝扮成戰國武士的表演者，進行一天兩場的戰舞表演，也歡迎遊客合影留念。

岡崎公園

A 愛知縣岡崎市康生町561
T 09:00-17:00
W okazakipark.com

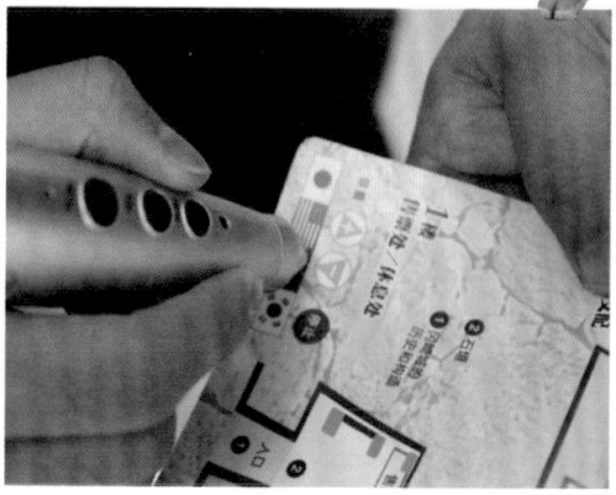

（右）龍城神社奉祀的便是德川家康和本多忠勝。（中）在龍城神社可以買到象徵岡崎城形象和德川家康的紀念御守。（左）租借語音導覽筆時可先在簡介設定中文，館內展示品凡有語音說明標誌處，觸控一下就能聽見中文導覽。（下）埋葬著德川家康出生後的胎盤塚，並由本丸南邊遷移至此紀念。

SPOT 4

男川

體驗清溪捕香魚享受美味

岡崎有兩種面貌，一邊是悠久的歷史風情，一邊則是豐富的自然景觀。享受此地的自然名勝有許多的方式，其中一種是親水並品味美食。

在流經岡崎的「男川」途中，有一處藏在半山腰上，依偎在溪水邊，名為「男川YANA（男川やな）」的地方，提供遊客夏天時在此體驗捕捉香魚的樂趣。一人份三條香魚，可以選擇帶回家自行料理，或在現場請工作人員幫忙烤來吃。又或者租用烤肉攤位吃BBQ。依照不同形式，價格不同，趣味也迥異。

即使不喜歡捕魚，夏天在溪水裡遊玩也是樂事。清澈冰涼的河水邊，大人小孩們忘我的玩耍，風聲、水聲與笑聲在山林中迴盪，已是台灣少見的風景。

春夏捕魚，但秋冬寒冷，不適合下水，則可在此體驗製作蕎麥麵的過程，並品嚐愛知縣道地的鄉土料理。

坐在河畔的屋台享受整桌的香魚料理，從煎煮炒炸到生魚片，一種魚能夠變化出這麼多不同口感的料理，再次深深感受，確實只有懂得魚的日本人，才能變化而出。注重細緻文化的民族精神，在吃魚這件事上，顯露無遺。

（上）無論大人小孩都享受在男川戲水的夏日暢快時光。（左）男川現場也有工作人員負責調理烤香魚料理。（中）新鮮現捕的香魚，立即製成香魚生魚片端上桌。（右）男川溪邊提供遊客夏天時在此體驗捕捉香魚的樂趣。

男川YANA（男川やな）

A 愛知縣岡崎市淡渕町日向23
名鐵本線本宿站搭乘「巴士」至上淡渕巴士站，車程約二十分鐘。

T 10:00-14:00
七月至八月無公休、其他月份則為每週二休

W home1.catvmics.ne.jp/~ns5021/otogawayana.htm

AICHI

かまごおり

《蒲郡》

河海環繞的水之地

SPOT 5

竹島

國家指定天然紀念物

面向三河灣的蒲郡，許多的景點自然與海脫離不了關係。無論是天然景觀的名勝地，或是人工造就的主題樂園，幾乎都圍繞著水爲主題。留宿蒲郡，隔日清早，最適合前往的地方，是座落在海灣上的竹島。草樹茂密的竹島，像一顆落在海上的綠翡翠。在海天一色之間，一條細長的石橋繫著竹島，對蒲郡人來說，那是心中牽掛的愛。

竹島之所以被蒲郡人所愛，乃因爲這座島嶼已成爲蒲郡的象徵。豐富的天然資源，島上歷史悠久的神社和典雅的神殿建築，已被被日本政府選定爲國家指定天然紀念物。

雖然竹島小到只要三十分鐘就能步行繞完一圈，卻在四季更迭中蘊藏迴異的表情。竹島週邊散步，是蒲郡人喜歡並且驕傲推薦給遊客的行程。走一趟，感受到的恬靜美好，長長久久的回憶，遠遠超越三十分的好幾倍。

步行到竹島，拾階而上，遇見一座八百富神社。幾乎像是被綠蔭覆蓋的這座神社，是以祈求開運、安產和姻緣而廣爲人知。在三河雀當中曾寫到，八百富神社有著與江之島、竹生島和嚴島，共列爲日本七大弁財天的地位。

八百富神社

A 愛知縣蒲郡市竹島町3-15
T 園區對外開放
W www.yaotomi.net

（上）陰翳綠樹繚繞的八百富神社，尤以開運、安產和姻緣祈福聞名。（下）遠眺竹島小島風光，宛如落在海上的一只綠翡翠。

（上）原為老朽面臨拆除的常盤館建築，在當地居民多方努力下整修成為海邊的文學紀念館。（右）目前仍保留了當年常盤館的餐廳簡約的風貌。（左）海邊的文學紀念館內展示著芥川賞得主平野啓一郎的著作《日蝕》及相關報導。

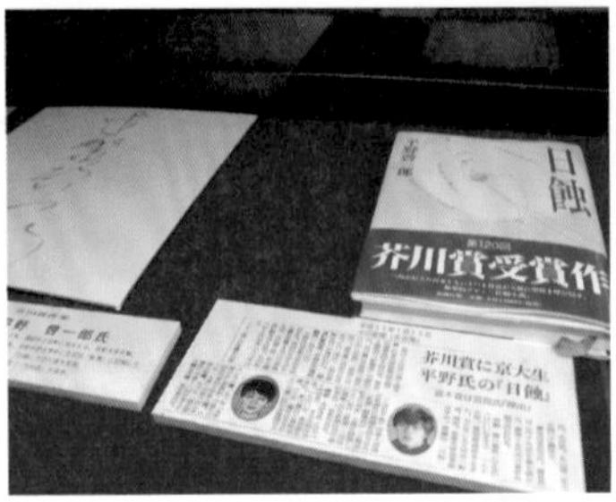

海邊的文學紀念館

A 愛知縣蒲郡市竹島町15-62
T 09:00-17:00
茶館．寄給未來的信：09:00-15:30
W www.city.gamagori.lg.jp/unit/kankoshoko/bungakukan.html

SPOT 6

海邊的文學紀念館

寄一封信給十年後的自己

連結竹島的石橋入口，岸邊有一座小屋，過去曾經是一間料亭旅館「常磐館」。在日本大正和昭和年代，這裡曾是許多文人雅士愛好的所在。從作家菊池寬作品《火華》提到常磐館之後，谷崎潤一郎、川端康成和井上靖等名作家，都曾在筆下描寫過常磐館、蒲郡的海灣與竹島的樸素之美。

常磐館餐廳在一九八二年因爲建築老朽而面臨拆建，捨不得此地從此消失的蒲郡人，在各方奔波下守住了這裡，經過整修而成爲現在的「海邊的文學紀念館」。透過文學館內保存著史料和展示的文件，蒲郡與竹島的美好，在文字和現實之間，將永遠流傳下去。

在附設的茶館中，除了可享用抹茶甜點，還可以從這裡寄一封信，給五年、十年後的自己。典雅的建築中，時光的空氣裡，想像著多年後的自己。有什麼期望與回首，這一刻，寄存在竹島海邊拂來的風裡？

曾為料亭旅館的常盤館，
包含谷崎潤一郎、川端康
成和井上靖等日本名作家
都曾在書中描繪此處之美。

參與下注的民衆正聚精會神地坐在寬敞室內空間，觀看蒲郡競艇的比賽過程。

SPOT 7

蒲郡競艇

下注一場競賽

之所以說蒲郡是個度假勝地，除了此處有四座溫泉鄉，以及一座同爲長崎豪斯登堡幕後經營的主題遊樂園以外，還有一個很重要的遊樂場所。許多日本人提到蒲郡，都會想到這裡：蒲郡競艇。

競艇，簡單來說就是像賭馬一樣，只不過跑馬地換成水上航道，跑馬騎士換成快艇選手，下注你有信心的那個人，在緊張激烈的競賽過程後，得知輸贏結果。

蒲郡競艇已行之有年。第一場競賽始於一九五五年，有許多電影、日劇的場景，都曾在這裡取景。二〇一四年春天，經過大規模的改建，蒲郡競艇煥然一新。走進這裡，看見的是一處休閒卻不失優雅，且裝潢精緻的座席場地，感覺像是走進一間極爲高級的電影院。蒲郡競艇跟其他地方的競艇最大不同之處，在於這裡在晚間依然營業。因此上班族也能在工作之後，在此娛樂。

除了大禮堂式的座席區，此處也提供了更高級的觀賞包廂。

下注從日幣一百圓開始起跳，相當親民。既然來了，就試試看自己的手氣吧！一開始也許不熟悉，但在下注機器前稍微研究一下，應該不會難倒你。有傳說外國人偶爾一試的運氣特別好，是不是眞的呢？等你試試。

黑夜中的競艇場，沐浴在燦亮的燈光中，有著獨樹一格夢幻感。秋天的夜風吹拂而來，越過競賽水池，帶著水氣的涼意。三兩好友，坐在戶外的階梯上聊天，也許在討論結果的輸贏，也許在交換生活的情緒。這一晚的競賽已經結束了，人生悲喜交歡的賽程還在繼續。

蒲郡競艇（BOAT RACE蒲郡）

A 愛知縣蒲郡市竹谷町太田新田1-1
T 14:00-21:00
W www.gamagori-kyotei.com

戶外競艇演出

不同的樓層，座席分成各種等級。除了一樓大廳的公眾場域外，還可選擇六人座、兩人座的包廂。針對一個人的座席，除了半開放式的隔間作爲以外，另有高檔的個人包廂。無論哪一種形式，眼前都能清楚看見戶外競艇的魄力演出。

度假村內的海灣碼頭搭乘風帆出遊也是人氣活動之一。

與豪斯登堡為同一經營者的拉格娜度假村，水上樂園是其夏季時節最大的賣點。

SPOT 8

蒲郡拉格娜

複合式的海洋度假村

拉格娜是一座複合式的海洋度假村，在這裡有水上主題樂園、遊樂場、購物中心、天然溫泉、風帆碼頭、飯店甚至是住宅。若是提到日本中部地方，愛知縣民的娛樂重地，第一浮現腦海的一定就是拉格娜。

目前拉格娜海洋度假村幕後的經營者，是日本最大的旅行社HIS旅行社。HIS在接手長崎的豪斯登堡以後，再次買下拉格娜，經過整治和調整方針，用相似的手法重新包裝拉格娜，讓這座主題樂園煥然一新。

水上樂園是拉格娜夏季時節最大的賣點。偌大的泳池，激起人工海浪，大人小孩全都興奮滿點。摩天輪、雲霄飛車或室內各種遊樂設施也一應俱全，故即使冬天無法玩水，也能在這裡盡興瘋狂。

最令我流連忘返的，是度假村裡的餐飲街了。在「鮮魚市場」裡，有各種以三河灣當地的海鮮料理爲主的飲食攤位。現挑、

拉格娜 蒲郡（ラグーナ 蒲郡 LAGUNA GAMAGORI）

A 愛知縣蒲郡市海陽町 2-1
T 隨季節和各設施不同，請以官方網站公告為主
W www.laguna-gamagori.co.jp/laguna/price/index.html

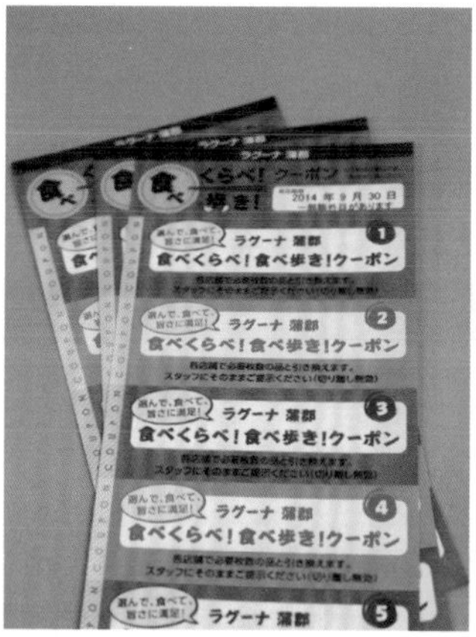

（左上）在「海鮮工房　鰻ま屋」使用兌換券購買鰻魚飯糰，老闆還會多夾一塊鰻魚。（右上）拉格娜度假村大方提供五張優惠券供住客兌換美食。（下）深受住客歡迎的海鮮餐廳，每到用餐時刻便會座無虛席。（右頁）師傅現場料理新鮮魚貨，讓許多孩子看了都會驚呼連連。

現做、現吃，即時品味蒲郡生鮮海產的富饒滋味。

鮮魚市場推出一千圓的飲食券。內附五張兌換券，可依照DM上面標示的店家去兌換食物。這好處是因爲每份的份量恰到好處，所以你可以同時吃到五家不同的餐廳名產，而不會只吃一家就飽了，別家想吃卻吃不下的窘境。用兌換券購買的餐點，店家常會有特別的版本。比如，在「海鮮工房　鰻ま屋」購買鰻魚飯糰，用兌換券的話，老闆會再特別多夾一塊鰻魚給你！

午後不能錯過的活動，是到度假村內的海灣碼頭搭乘風帆出遊。踏上由專業人士駕駛的帆船，在微涼海風的吹拂下出發了。三河灣擁有得天獨厚的海域，因此這片海灣幾乎沒有什麼波浪，帆船遨遊其中，完全不感覺任何搖晃。

舒服的風，吹得每個人都慵懶了起來。團隊中眞有人就這麼躺在甲板上睡著了。我也躺下來，看移動的天空和雲朵，心想著過去對於愛知縣實在太陌生了，竟有點歉意。能夠認識蒲郡，領略這片土地和海洋的美好，又爲自己的深度日本之旅，寫下新的一頁。

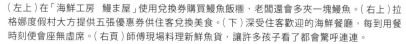

SPOT 9

葵 溫泉旅館、岡崎 New Grand Hotel

旅程中的溫泉療癒

蒲郡擁有四座溫泉鄉，分別爲西浦溫泉、形原溫泉、三谷溫泉和蒲郡溫泉。半山腰上的「葵」在西浦溫泉，所有的房間，都能眺望到壯闊的三河灣。引自於天然的溫泉，泉質能讓浸泡過後的肌膚感到特別柔順。不僅是對肌膚好，據說也對改善手腳冰冷特別有幫助。一邊浸泡在露天溫泉池中，一邊鳥瞰三河灣的美景，肚子感到飢餓時，就去餐廳覓食裹腹吧。

「葵」另外一項吸引我的部分，就是餐廳裡準備的「海鮮磯邊燒」料理。磯邊燒也就是「爐端燒」，其實就是座席圍爐，邊烤邊吃的形式。無論是一百八十疊榻榻米寬廣的「浮舟亭」或「三河磯亭」，哪一間餐廳都提供了蒲郡三河灣的豐盛海鮮。從大龍蝦、鮑魚、生魚片、散壽司到天婦羅，每一份入口的美食，都再次確認了海洋之都蒲郡得天獨厚的物產豐隆。

其中，最令我留下深刻印象的，是著名的愛知縣三河牛。厚實的牛肉，在爐火上微微烤過，肉質多汁、鮮美又滑嫩。起初對三河牛並沒有抱著太多預期的想像，沒想到如此美味，算是爲這頓晚餐，增添了

©岡崎ニューグランドホテル

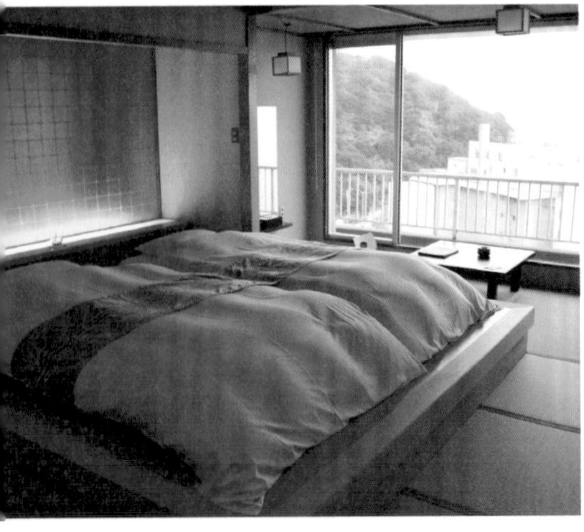

餘韻十足的驚歎。

岡崎城附近的「岡崎New Grand Hotel」是來到岡崎旅遊時，留宿的不二之選。地點就在德川家康誕生地「岡崎公園」旁，故從這裡出發，以岡崎公園爲第一站，就能展開岡崎歷史與美食之旅。特別是溫泉浴場，即使你是一日來回，不打算留宿岡崎，也很值得一來。飯店最高樓層上的這座展望大浴場，可以將整座岡崎市一眼望盡，包括不遠處的岡崎城。尤其入夜以後，身子浸在溫泉池中，眺望沐浴在光束下的岡崎城，是很特別的體驗。

（上）位於岡崎城週邊的岡崎New Grand Hotel，飯店最高樓層展望大浴場可將整座岡崎市盡收眼底。（左）葵溫泉旅館客房為簡約現代的日式風格，所有的客房都能眺望到壯闊的三河灣。（右）此處任何餐廳皆提供了蒲郡三河灣新鮮捕獲的豐盛海鮮與當令食材。

葵 溫泉旅館
A 愛知縣蒲郡市西浦町大山17-1
W www.aoi-himetachinoyume.com

岡崎 New Grand Hotel
（岡崎ニューグランドホテル）
A 愛知縣岡崎市康生町515番地33
W www.newgrand.yad.jp/index.html

國家圖書館出版品預行編目（CIP）資料
日本·三日秘境：6種心境之旅×13個沿途絕無僅有的風景，一場愛的魔幻旅行！
/ 張維中著. -- 二版. -- 臺北市：
原點出版：大雁文化發行，2017.11　256面；17×23公分
ISBN 978-986-95556-3-0（平裝）

1. 自助旅行 2. 日本
731.9　106017959

日本 · 三日秘境

6種心境之旅×13個沿途絕無僅有的風景，一場愛的魔幻旅行！

（原：日本 · 愛的魔幻旅行）

作者　張維中
內頁設計　IF OFFICE
封面設計　謝佳穎 RainXie
執行編輯　紀瑀瑄
校對　邱怡慈、紀瑀瑄、詹雅蘭
責任編輯　詹雅蘭
行銷企劃　郭其彬、王綬晨、邱紹溢、陳雅雯、張瓊瑜、余一霞、王涵、汪佳穎
總編輯　葛雅茜
發行人　蘇拾平

出版　原點出版 Uni-Books
Email　Uni-books@andbooks.com.tw
電話　（02）2718-2001　傳真　（02）2718-1258

發行　大雁文化事業股份有限公司
台北市105松山區復興北路333號11樓之4
24小時傳真服務　（02）2718-1258
讀者服務信箱　andbooks@andbooks.com.tw
劃撥帳號　19983379
戶名　大雁文化事業股份有限公司

二版二刷　2018年10月
定價　380元
ISBN　978-986-95556-3-0